専制と偏狭を永遠に除去するために

主権者であるあなたへ

阿久戸光晴

聖学院大学出版会

まえがき

「専制と偏狭を永遠に除去するために」、これは言うまでもなく、日本国憲法前文の第二項の一節からの引用である。第二項は、敗戦後の日本国民が恒久平和を念願し、「平和を愛する諸国民の公正と信義に信頼して」、（日本国民の）安全と生存を守ることを、また、普遍的価値のもとにその実現に努力している「国際社会の中で名誉ある地位を占めたい」と、宣言する。この題は、その普遍的価値の内容を規定する句である。

ところで、新約聖書のイエスの言葉に、「だから、人にしてもらいたいと思うことは何でも、あなたがたも人にしなさい」（マタイによる福音書七・一二、新共同訳）との言葉がある。これは黄金律と呼ばれているイエスの枢要な教えである。この「人にしてもらいたいと思うこと」とは何であろうか。それは、他者介入への「依存」でなく、また自己責任という名の周りからの「突き離し」でもなく、「自立支援」、「自己実現への励まし」である。その「自立支援」、「自己実現への励まし」

こそ、私たちが人々に尽くしていくべき人間としての使命であろう。

本書に、副題として「主権者であるあなたへ」の言葉を加えた。人類の歴史を通じて長い間、人は常に他律的に権力に庇護されるべきことが暗黙の大前提であったかもしれない。私たちは、現実というものは本来いっさい変えられぬものである、現実は常に閉じられた諸条件のもとにある、という現実理解の桎梏《しっこく》のもとにあるように思える。この現実の中では、所詮諦念を持って歩むしかないのであろうか。決してそうではあるまい。私たちが考えがちな「運命や宿命」は乗り越えるためにあると、私は信ずる。閉塞空間のように思える現実でも、必ず突破口はあるはずである。「長いものに巻かれる」というような閉塞空間ならぬ閉塞思考は、乗り越えていくことができるはずである。一般人である私たちは、生きる権利があり、この世に生を与えられて、その生をより輝かせることができるはずである。本来の「自己」の「実現」は、私たちが「主権者」である自覚のもとに立つことが出発点となる。権力のもとに屈従するのでなく、私たちはよく考えて「自己実現」できる存在であることを確信することが大切である。

「自己実現」といっても、それは何をやっても許されるということではない。自由と放縦がまったく異なるように。「自己実現」は「他者実現」でもあるからである。他者の尊厳を知る者こそが自己の尊厳を確信できる。自己尊大化でも、自己卑屈化でもなく、自己も他者も尊ばれるべき存在である。強大な権力の前に立って、存在の尊厳のもとに「真に畏れる」心を持つ者にこそ、「畏れる必要のないものを恐れない」心が与えられる。主権者教育の重要性が今こそ認識されるべきである。

私は、日本の歴史の中枢に、日本国憲法が入ってきたことがどれほど尊いことか、声を大にして訴える者である。本書は、聖学院大学や諸団体で真剣に伝えるべき「言葉」を探し求めながらその言葉を発してきた努力の報告である。聖書と日本国憲法の言葉が主な源泉となっているが、少なくともすべて私自身で思考してきた報告である。私の願いは、本書を読んでくださるすべての方々が、本書から何らかのヒントを得られ、主権者としての自覚を高揚され、より良く生きて行かれることである。同時に、読者諸賢のご批判、ご意見を切に乞う次第である。

学校法人聖学院理事長・院長　阿久戸　光晴

【初出表記等について】

各節の最初に初出を表記した。正式な雑誌名および編集・発行所は以下のとおり。

『紀要』――『聖学院大学総合研究所紀要』（聖学院大学総合研究所）

『キリスト教と諸学』（聖学院キリスト教センター）

『NEWSLETTER』――『聖学院大学総合研究所NEWSLETTER』（聖学院大学総合研究所）

本書にまとめるにあたり、用字の統一をし、［　］に入れて補いの文言を追加している。その他、今年、昨年等の表記については、読みやすさを考え書き換えも行っている。

目次

第Ⅳ章　人権

第Ⅴ章　教育

第Ⅰ章

国際関係

『紀要』No.29 2003（2004年3月30日）

グローバル化社会での信頼の基本

――「首相の靖国神社公式参拝」違憲判決を考える

小泉純一郎首相の靖国神社参拝［二〇〇一年八月一三日］は日本国憲法の定める政教分離原則に反するとして、九州・山口の戦没者遺族らが同首相と国に損害賠償を求めた訴訟の判決が、過日福岡地裁で言い渡された。判決は、損害賠償請求は棄却したが、首相による公式参拝は憲法で禁じられている宗教的活動にあたり、違憲であると判断を下した。首相や自民党からは「なぜ違憲か分からない」と談話が述べられたが、野党各党および連立与党の公明党からは、本判決支持の声明ないし談話が出された。本判決の論点は五つある。第一は、首相自身が公用車で秘書官を随行させ、「内閣総理大臣小泉純一郎」と記帳して献花をした点は、首相の公務執行の範囲内であり公式参拝である。第二は、首相の参拝形式は、本殿で一礼し英霊に対して畏敬崇敬の心情を表現したもので、それは靖国神社が主宰した行事ではないとしても特定の宗教的儀式に添う形での参拝である。第三に、靖国神社公式参拝には当時政府・与党内でも強い反対意見があり、国民の間でも消極的意見がある中で首相があえて行った政策的に明確な目的を持ち効果をねらった行為である。第四に、以上から判断して、首相の参拝は「目的と効果」の基準に照らし公人の特定宗教行為であり、日本国憲法第二〇条の禁ずる「政教分離原則」違反である。最後に、「この公式参拝の憲法判断を回避しては今後も同種の行為が繰り返される可能性が高く」当裁判所は本件参拝の憲法判断に踏み込んだ、と。

けだし判旨は一部の点を除いて至当である。結論はもとより、憲法判断を回避せずに踏み込んだ点はまことに立派であり、重要職務を引き受ける者の責任の問題として考えさせられる。問題点は、津地鎮祭判決［一九七七年］以来の「目的効果基準」（政教分離原則であっても宗教行為の「目的と効果」に照らし緩和される場合がありうるとする説）という明瞭さを欠く先例の線に基づいた形で論旨を進めているため、社会通念上習俗行為とか伝道効果をねらわない宗教行為など、例外の余地が残されたことである。またこの判決に限らず、日本の裁判所は憲法第二〇条第三項を「政教分離」という観点で「宗教」一般を常に考えるが、本条項は法制史上separation of church & stateという「教会と国家の分離」に由来し、靖国神社という特定宗教団体と国家機関との癒着の問題がもう一つ明瞭にならない。しかし、形式的には原告側の損害賠償請求が棄却され、被告の首相側が「勝訴？」という形となったため控訴できず、皮肉（ユーモラス？）なことに本判決が違憲のまま確定してしまう見通しとなった。この判決の意義は、今後の日本の国家および社会にとって大変大きいと考えられる。

来日中イースター礼拝に出席したチェイニー米国副大統領の例をまつまでもなく、私人の信ずる権利の実践は神聖であり、奨励されこそすれ何ら問題はない。しかし首相の公式参拝は形式的に憲法違反である。また内容的にも、靖国神社が歴史上国家への忠誠という尺度ではかられた「国事殉難者」のみ（賊軍は入れられず、逆にその尺度からいわゆる戦争犯罪人の「英霊」が含まれる）が奉斎《ほうさい》されてきた国家神道の中心的神社であることを考えれば、近隣諸国や非大和民族や宗教的少数者の信教の自由を尊重する学ぶ「痛み」をこそ、首相はすべての国民に訴えるべきではないか。これは、国境を超えて人々の結合をグローバルに強めていく歴史的潮流の中で、日本の国家と社会が真にグローバルに信頼されるためのデモクラシー社会の基本中の基本であるからである。

グローバリゼーションの両義性

『紀要』No.33 2005（2005年10月30日）

ジョン・グレイは、世界市場の拡大、すなわち経済グローバリゼーションが世界各地で数多くの社会問題を引き起こしていると説き、説得力ある分析を展開している（石塚雅彦訳『グローバリズムという妄想』日本経済新聞社、一九九九年）。近年、先進工業諸国によって経済問題が論じられる国際会議には、必ずといってよいほどデモ隊が押し寄せ、グローバルな市場拡大に激しく反対する抗議行動を目にすることができる。こうしたグローバリゼーションに対し否定的な論者によれば、グローバリゼーションという世界観は、福祉国家の解体と財政支出の削減を企図する、市場主義者のイデオロギーにほかならないと断定される。確かに、経済面におけるグローバリゼーションによって、国家間の不平等化は促進され、発展途上国における貧困化が推進され、失業率が上昇し、多国籍企業の蹂躙《じゅうりん》によって国内産業が壊滅的打撃を受ける可能性がある。また文化・生活面においても、グローバリゼーションは、ローカルコミュニティや国家から人々を遠心的に引き離し、グローバルな領域へ求心的に引き付ける力の働きであると言ってよく、ナショナルな各地域固有の文化に打撃を与える可能性があるかもしれない。こうした可能性が先進工業諸国を含め、人々に深刻な不安を与えているのは事実であろう。

しかし一方、アンソニー・ギデンズは、「グローバリゼーションは単一の現象なのではなく、さまざまなプロセスが重なりあった複合的現象なのである」と言う（佐和隆光訳『暴走する世界』ダイヤモンド社、二〇〇一年）。ギデンズによれば、グローバリゼーションは、国際金融市場におけるある傾向の問題に短絡させてはならず、一人ひとりの身近なところにまで押し寄せ激しい勢いで進展している価値観の変動を迫る現象のことであると説く。グローバリゼーションは決して単純な現象でなく、上方統合の力と下方拡散の力の均衡の力学であり、自立分散化を促す力でもあるという。つまりローカリゼーションも呑《の》み込みつつそれをも動かす力動が、グローバリゼーション現象の実態なのだとするのである。しかしギデンズの想定を超えて、こうしたグローバルな下方拡散の力に対するローカルな激しい抵抗も起き始めているのではないか。まずは、イスラム文化圏で生活する人々の中からの反発、また、東アジアや東南アジア諸国の伝統回帰という方向でアイデンティフィケーションを図ろうとする諸々の試みである（当然日本も含めて）。

一体何が起きているのであろうか？　グローバリゼーション・イコール・アメリカナイゼーションであるとして、それはアメリカ資本の世界制覇であるとみなす見解は、あまりに一面的であろう。一九七〇年代以降の通信衛星に支えられた電子通信技術の飛躍的発展は、やがて一九八〇年代には市民レベルにまで浸透し始め、その高速化とともに国境線を超え、世界至るところで情報の共有をもたらした。一九八〇年代後半へ向かってはっきりしてきた東西陣営の経済力格差とともに、ゴルバチョフのグラスノスチ（情報公開）こそがソ連・東欧圏を崩壊させ冷戦を終わらせたとよく言われるが、事実であろう。情報の地球大での共有化は、グローバリゼーションの本質の一つである。ここに至って、もはや国境と主権国家を前提にしたインターナショナライゼーションの語では説明のできない現況になっている。情報グローバリゼーションに基づく問題意識の地球規模での共有化こそが、これからの人類共同体の前提となるであろう。

まとめてみたい。電子技術の進展は情報のさまざまな交流を促進し経済を活性化させ、それに伴って、国境をはるかに超えて経済合理性の波が人間のローカルな生活段階の下方拡散へと押し寄せる。この経済合理性の波に乗って多国籍企業の力が現れる。このことの功罪は厳しく検討されねばならない。しかし、経済グローバリゼーションという激しい奔流を完全に塞《せ》き止めることは到底できない。この奔流を正しい方向へ促す堰を設けたり、人権擁護の観点から堤防を設けたり、規範化やルール化を設定することこそが、国境を超えて必要である（サスキア・サッセン、伊豫谷登士翁《いよたにとしお》訳『グローバリゼーションの時代』平凡社、一九九九年、など参照）。

一方、グローバリゼーションがもたらす情報の共有化という点は積極的に受け止めるべきであろう。膨大な諸情報の交流は諸文化・諸思想の淘汰《とうた》を迫る。ある思想や信念が地球大で普遍性を有するか否か、存在価値の淘汰の時代がやってきている。そこで重要な鍵となるのは普遍的通用力を有する思想の明確化、共有、堅持である。

日本国憲法前文に「日本国民は、恒久の平和を念願し、人間相互の関係を支配する崇高な理想を深く自覚する……われらは、平和を維持し、専制と隷従、圧迫と偏狭を地上から永遠に除去しようと努めてゐる国際社会において、名誉ある地位を占めたい……政治道徳の法則は、普遍的なものであり、この法則に従ふ」とあるが、これはグローバルな通用力を持つ理念を堅持し学んでいこうとする宣言である。日本は二度グローバリゼーションの大波を受けて、その存在形態を根本から変えてきた。一回目はほぼ一五〇年前の黒船との出会い、二回目はちょうど六〇年前の敗戦体験である。日本はこの二段階のグローバリゼーションの大波を受け入れ、表面的ではなく、その波を完全に消化して歩んでいくべきである。日本でグローバリゼーションの大波が来るときには、必ずといってよいほど、鹿鳴館的浅薄な模倣行動とそれと並存する形であの「下方拡散」に対する猛烈なアレルギーが起きてきた。昨今の為政者による行動およびそれを後押しする動きが、この歴史的繰り返しでないことを祈りたい。

当研究所は、グローバリゼーションのこうした現代的両義性についてさらに追究していくことになる。それは、当研究所がグローバリゼーションのもたらす現代的緊張に対し、対話と真理探究という面で応えていこうとするからにほかならない。

『紀要』No.48 2010（2010年9月30日）

二つの本質の間に立たされて

――理性的なるものと現実的なるもの、変えられることと変えられないこと

理性的であるものこそ現実的であり、
現実的であるものこそ理性的である。
（ヘーゲル『法の哲学』序文より、
藤野渉ほか訳、中央公論社、一九六七年）

神よ、
変えることのできるものについて、

それを変えるだけの勇気をわれらに与えたまえ。
変えることのできないものについては、
それを受け入れるだけの冷静さを与えたまえ。
そして、
変えることのできるものと、
変えることのできないものとを、
識別する知恵を与えたまえ。

（ラインホールド・ニーバー「冷静を求める祈り」、
大木英夫『終末論的考察』、中央公論社、一九七〇年）

二〇一〇年八月六日の広島原爆六五周年記念式典に、アメリカ合衆国駐日ルース大使、潘基文《ばんぎむん》国連事務総長など史上最多の七四カ国代表が出席された。また八月九日の長崎平和祈念式典には、広島に続いて、核保有国のイギリスおよびフランスの代表など、これまた史上最多の三二カ国代表が出席された。ルース大使は長崎にも広島同様出席されたかったと考えるが、核投下国のアメリカ大使が広島の式典に出席された意義は大きく、ルース大使とともに、おそらくその出席を指示されたオバマ大統領の決断に心から敬意を表したい。というのは、アメリカ国内での国家の立場を反映した種々の異論がある中で、こうした行動をとることは大変な「勇気」を要するからである。もともと大統領はプラハ演説［二〇〇九年四月五日］で「核なき世界を目指す」と強調され、世界とアメリカ国内に大きな反響をもたらした。無論この理想は大統領の言説に留まっており、実行面での動きはまだ顕著に見られないが、少なくとも米国大統領としては前例のない言説であり、少なくとも世界の人々の意識に働きかけ、核が必要悪であるとの潮流から大きな変化の兆しを感じさせていることは間違いないところである。一方対照的に、菅直人首相は記者会見で、「核のもたらす抑止力の有効性」が日本を取り巻く国際政治の現実のただ中においてはなお存在することを述べた。

私たちはこれをどう受け止めるべきか。ヘーゲルの言によれば、「核兵器を廃絶するという理性的であることこそ現実政治においても通用力がある」と判断されるのか、「核兵器をおのが政治体制維持手段になりうると考える国家があるとすれば日本も核の傘に留まるという現実的抑止力を是認する」外交政策こそ国民の安寧保護という理性的な政治目的にかなうのか、判断が困難な事柄である。しばしば二人のヘーゲルがいると言われるゆえんでもある。またラインホールド・ニーバーの言によれば、「『平和を愛する諸国民の公正と信義に信頼して』（日本国憲法前文）、『変える勇気』をもってあえて核兵器を率先廃絶して英知を総動員して新しい国際関係秩序を築く」のか、「理想を目指しつつも人間および人間集団組織の罪性ゆえ、いまだ『変えられない現実を受容する冷静さ』をもって今しばらく限定的国家による核兵器管理の道を行く」のか、「変えるべきものと変えられないものとを、識別する知恵」が問われるところである。

ヘーゲルは「ミネルヴァのフクロウは、たそがれがやってくるとはじめて飛びはじめる」（前掲書）とも言う。歴史という現実の中から理法を見出す知性の把握（知恵の女神ミネルヴァが情報収集・分析のため放つフクロウが象徴する）は、歴史展開が一段落してから（たそがれ時になって）可能となる意であろう。しかし人類の思索はしばしば歴史そのものに追い越されてしまうことが多いのである。また、ナショナリズムや経済グローバリゼーションや地球環境悪化など各面から押し寄せる津波に直面し、社会のあり方が大いに揺す振られ個人の生の意味について確信が持ちにくくなり、自死という誘惑の声に常にさらされている現代人には、そうしたたそがれ時を待っている余裕はない。観想的であろうとしない責任的思索は、時間との競走という迫りを意識しなければならない。

ところで新約聖書・マルコによる福音書一三章二一〜二三節は、やがて多くの偽キリスト、偽預言者が現れて人々を惑わそうとすると、イエス・キリストによる警告を記している。人間の罪性という本質と取り組むことを回避していたずらに幸せな理想を語る「合理的なるもの」は偽キリストの類であり、人類に多くの災厄を与える。しかし同時に、同福音書一一章二四節は、主イエスが「なんでも祈り求めることは、すでにかなえられたと信じなさい。そうすれば、そのとおりになるであろう」［口語訳］と言われたことを記している。ここには"realized eschatology"［実現された終末論］の端緒がある。人類は、この世の現実が決して閉塞状況の中にあるものでなく変えられうるものであり、すでに御国の到来という新しい現実が超越から介入して古い現実と交錯して存在し始めていることを信じて行動することへ、導かれている。

核兵器はそのもたらす災厄の悲惨さ、その持続性を含めて人類史上最悪の発明であることはアインシュタインの悔いをまつまでもない。また核であれ管理の難しさは、他の銃管理などの例に照らしても言うまでもない。「核なき世界」という声が被爆国からでなく、投下国から出たことに、私たちは大きな歴史的意味深さを感ずる。核抑止力という、一定の時代状況の中で役割を果たしてきた「現実」の合理性の一定の評価をするとしても、それ以上にその意義の限界を明確に認識し、「核なき世界」構築を目指して、真に合理的なるものが現実化していく動きに私たちは「変える勇気」を持って関わるべき時が来ている。

『キリスト教と諸学』Vol.24, 2008（2009年3月28日）

日本国憲法施行六〇周年の現代的意義
――福音の広がりと新しい国家・社会体制の定着の課題

いなごは王がないけれども、みな隊を組んでいで立つ。
（箴言《しんげん》三〇・二七、口語訳、以下同）

カイザルのものはカイザルに、神のものは神に返しなさい。
（マルコ一二・一七）

あなたがたは神の宮であって、神の御霊《みたま》が自分のうちに宿っていることを知らないのか。もし人が、神の宮を破壊するなら、神はその人を滅ぼすであろう。

もはや、ユダヤ人もギリシヤ人もなく、奴隷も自由人もなく、男も女もない。あなたがたは皆、キリスト・イエスにあって一つだからである。

（ガラテヤ三・二八）

（Ⅰコリント三：一六―一七）

序　聖書から

私は今年［二〇〇七年］の五月三日のある体験をこれからも忘れることができないでしょう。その日、政治経済学科の卒業生と児童学科の卒業生の結婚式が、ディズニーランドのホテルであったのです。楽しい思い出を持ちながら東京駅に着きましたときに、その楽しい思い出を打ち消すかのような、大きな叫び声に私は包まれました。何事かと思って、東京駅の皇居寄りの丸の内口の方に行きますと、ちょうど諸君たちと同じ年頃の人々が軍服姿で立っていました。そして演説をしていた人は三十代と感じさせられました。演説はこんな内容でした。日本国は今や滅亡の危機に瀕している。そしてこの日本をこれほど悪くしたのはアメリカである。そして現在われわれの敵は北朝鮮と中国だ。そしてわれわれは再軍備をしてこれらの悪い体制と手を切り、そしてこれらの悪い国々と軍事的にも対決しているのである、と言ったのです。

そして続いて創価学会とキリスト教学校の批判に入りました。私は非常に興味深く思いましたので、予定を変えて最後まで聞きました。公明党とは一言も言いませんでしたけれども、創価学会が自民党政府を操っている、そして『立正安国論』という日蓮が書かれた本の中から明らかに引用して、創価学会攻撃をしました。その後、なんと三〇分以上、キリスト教学校、キリスト教大学の猛烈な批判に入ったのです。「諸君たちね、キリスト教学校に入ると秩序が乱れる、礼儀が悪くなる」と、こう言うのです。それから、キリスト教大学とキリスト教学校はたくさんの不登校児をそのままにしている。われわれは気合いを入れていないこれらの学校を打倒しなければならないと、こう言うのです。そして天皇を中心とした新しい日本国家の体制を形作っていくべきである、という内容でした。ほかにも興味深いことをこの人は言っていましたけれども。そして軍服姿の君たちと同じ世代の人たちが、「そうだ！」と言いながら熱狂的な拍手をしているのです。

私は今日この話を、まずここにおられる二年生以上の学部の在学生諸君に伝えたいと思いました。と申しますのは「日本国憲法の改正手続に関する法律」（国民投票法）を導入するときに、投票権者を一八歳以上としましたが、為政者によりますと、一五歳ぐらいまで下げたってよいのだという意見があったのです。なぜでしょうか。誘導が可能だと考えたからだろうと思います。つまり一八歳前後の方々の政権支持に期待をかけているということなのです。そこで、私は一八歳以上の、ここにおられる若人の方々に、全幅の信頼を置いていることを申し上げるとともに、今日の日本国家やアジアの大きな危機に面しても皆さんが判断を間違えず、それから行動指針を絶対に間違えないようにしていただきたいと願い、今日この講演を準備した次第です。

さて、聖書をちょっと見ていただきたいと思います。第一番目の聖書の箇所、旧約聖書の箴言三〇章二四―二八節に大変興味深い言葉があるのです。「この地上に、小さいけれども、非常に賢いものが四つある。ありは力のない種類だが、その食糧を夏のうちに備える」（二四―二五節）。これはすばらしい知恵ですね。遊ばないで、今夏のうちに冬に備えるということは大事です。「岩だぬきは強くない種類だが、その家を岩につくる」（二六節）というのです。われわれも強くなくてよいのです。しかしわれわれの居場所、存在位置を、あるいは私たちの存在を支える価値観を岩のように堅固な、世界的にも通用し歴史的にも通用するところに作ることが必要です。その上で弱い岩だぬきは安心して過ごせるというのです。いなごのことがありますが、それは後にしまして、「やもりは手でつかまえられるが、王の宮殿におる」（二八節）。王様の命令、王様の話をいつも聞いていられる。居場所ということ、アイデンティティということが大事だということが言われています。二七節ですけれども、「いなごは王がないけれども、みな隊を組んでいで立つ」という言葉がありります。これは私は非常に大きな意義のある言葉だと思います。というのは、あのドラ声の軍服姿の若い人はこう言ったのです。「集団には王が必要だ。天皇が必要だ」ということを叫んだのです。私はその言葉を聞いて、この箴言の箇所をすぐ思い出したのです。いや、聖書はそう言っていなかったな。「いなごは王がいないけれども、みな隊を組んでいで立つ」ということです。しかし逆に、キリスト教学校や、あるいは憲法を守ろうとする人たちが、王がないので隊が組めなかった、ということがあってはならないでしょう。しかし私は、この箴言の言葉には、共和政治、議会政治ということの象徴的な方向性が暗示されているのではないか、と考えています。王制、君主制の相対化がこの御言葉にはあると言ってよいでしょう。問題は、王がいなくても、いなごは各人一人ひとりが明確な方向性を知っており、団結心を知っており、そして隊という共同体を形成できる知恵を持っている、ということです。

第二番目の聖書の箇所ですが、新約聖書に「カイザルのものはカイザルに、神のものは神に返しなさい」という言葉が出てまいります。カイザルってわかりますよね。皇帝という意味ですね。ロシア語で言えばツァーリ。それからラテン語で言えばカエサル。英語読みするとシーザーです。皇帝という意味です。皇帝のものは皇帝に、神のものは神に返しなさいというのはどういうことでしょう。納税など国家的義務に関しては誠実に果たしなさい。しかしそれ以上に、神様から与えられた良心、信頼する心、自由な発想、意欲的な行動、そういった自由というもの、それは神様に感謝を持って返すように使っていきなさいという意味です。したがって、もし国家あるいは君主、皇帝、カイザル、権力者に神のものもカイザルに返せと言われたらどうするか。拒否すべきです。気骨を持って拒否すべきです。従ってはならないという気概を持つことです。しかし逆に、自分はカイザルは敵視するので、カイザルは私には何の関係もなく私は無視します、と言うことも勧められていないのです。この地上の政治形態、社会生活はどこかやはり相対的な発展段階にあるということを理解するならば、暫定的な政治形態であっても、神のものを神に返していくことができる限りにおいては協力をし、よき市民として国民としてカイザルに返すということはやぶさかでないということになります。

三番目に、「あなたがたは神の宮であって、神の御霊が自分のうちに宿っていることを知らないのか。もし人が、神の宮を破壊するなら、神はその人を滅ぼすであろう」という言葉があります。どういう意味でしょうか。宗教者は神の御霊が宿っていることを信じる信仰を持った人です。ところが、この信仰者が社会の中で、良心的に生きようとしたときに、自分の権利を守るということにどこか後ろめたさを感じさせられることがあります。自分の信仰ばかり主張することはエゴイズムではないか。裁判所でも最高裁の判事が、こういうことを判決で言ったことがありました。つまり、「夫と私はクリスチャンなので、夫を靖国神社には葬らないでください」という主張をした人に対して、「宗教者というものはほかの宗教への寛容を認めるものだから、どこに埋められようといいではないか。そしてあなたは大勢に従わなければならない」と。最高裁が多数意見としてこういう判決を書いた例が、実はあるのです。少数意見の最高裁長官が激しく厳しく、この考え方を批判していたのです。

そこで諸君たちに申し上げたいのは、聖書は、決して、あなたがたをつまらないもの、いじめられてよいもの、くだらないものとは見ません。また若いからといって、国家権力の道具にされてはいけない、ということが言われていることです。なぜならあなたという存在は、実を言うとあなた自身のものではない。大切な大切な、神の御霊があなたの心の奥深くに住んでいる、神の宮なのだ。だからあなたは、神の御霊が住んでいる神の宮であるあなた自身が、ばかにされたり、侮辱されてはいけないということを聖書は教えているのです。そして、もし誰かがその神の宮を破壊しようとするなら、あなた一人のことですけれども、破壊しようとするなら、神はその攻撃をする人を滅ぼすであろうと強く言われているのです。ここに私たちは、自分のエゴではなくて、神の宮を守る、良心の自由を守る、人間の尊厳を守るという根拠が与えられています。ですから、堂々と自分の権利、権利のための闘争をする責任さえあると言ってよいのです。いわんや小さな子どもたち、お年寄り、外国の方々は格別守らなければならないだろうと思います。

そこで四番目の聖書の箇所ですが、「もはやユダヤ人もギリシヤ人もなく、奴隷も自由人もなく、男も女もない。あなたがたは皆、キリスト・イエスにあって一つだからである」とあります。万人が万人を尊重しながら、いなごの隊を組み立てていく、そうした大切な使命が私たちにあるということです。

一　日本国憲法六〇年の日本および世界への歴史的貢献

序が少し長くなりましたけれども、四つの項目に分けて皆さんへの呼びかけとしたいと思います。まず一番目。日本国憲法が施行されて六〇年になりましたけれども、このことが日本、世界にどれだけ大きな歴史的貢献をしてきたかということを、私たちは認識すべきです。「井戸の水を飲むときには、その井戸を誰が掘ったかを忘れてはならない」（飲水思源）という言葉にあるとおり、日本国憲法に守っていただいている私たちの自由を、当然のように考えてはいけないのです。

ともすれば私たちは明治維新体制のことを口にします。あのときの日本が誇りであると言う人はかなりいます。特に大学・大学院の留学生諸君で、「明治維新を学びに日本に来ました」という方が多いのです。私は逆に、「それは何を学んでもよいけれども、できれば敗戦後の日本の日本国憲法体制を学んでほしい。それが日本の発展の鍵だから」と答えることにしています。本来の日本だという明治維新体制は、数えるとわずか七七年で幕を閉じています。三〇〇年以上続いた江戸幕府体制とはまったく別の様相を呈していたのです。この明治維新体制は物質的には文明開化、殖産工業など顕著な近代化を日本にもたらしました。しかし吉田松陰でさえ言っていたことですけれども、文明開化をし、殖産工業を振興するのは、欧米列強が簡単に中国を打ち負かしたごとく、日本に植民地侵略をしかけてくる、そのためには国防が大事だから強くするのだと称しました。はっきり申し上げると、この要素は当たっていなくはありません。確かにそのとおりかもしれません。しかし植民地侵略への国防と称する富国強兵策を断行した結果、何が起きたか。征韓論、韓国への攻撃的な意見がすぐに出ました。日韓併合しました。中国への侵略をしました。大東亜共栄圏と称して東南アジア、インドにさえ侵略しようとしたのです。防衛ということ、自衛ということの恐ろしさは、侵略者と同じ精神になっていくことにあります。報復をしようとする人間は、もともと攻撃してきた人間の姿に、顔も姿も似てくるという悲しい現実があるのです。結局、欧米列強の侵略阻止は、日本が欧米列強の役割をなし、韓国、中国、東南アジア、アジア諸国に攻撃を加えていく歩みになりました。

この国家行動を支えたのが大日本帝国憲法であったのです。その特徴は、第一に天皇主権、天皇は神である。第二は、憲法のほかに皇室典範もまた最高法規である。第三は、人権は限定的にしか認めない。あるのは臣民の権利だ。安寧秩序を妨げない限りだ。法律で許される限りだ。この三つを特徴とする大日本帝国憲法は、日本国憲法よりも短い施行五六年で幕を閉じることになりました。なおその前後に制定された軍人勅諭と教育勅語がこの体制の精神的支柱となりました。国家体制は大日本帝国憲法で規定され、それを運用する精神は軍人勅諭と教育勅語でありました。軍人勅諭と教育勅語がいかに人権とは反するものであるかは、もう言うまでもありません。

一方、第二次世界大戦の敗戦後の新しい日本は、この日本国憲法とともにスタートいたしました。一九四六年の一一月三日憲法記念日に公布され、六カ月の猶予を経て文化の日、一九四七年五月三日に施行となり、本年［二〇〇七年］で六〇年を数えます。この憲法は、国民主権、基本的人権、戦争の放棄による国際平和主義、地方自治制を顕著な特徴とするものであります。特に基本的人権の保障は一九四八年の世界人権宣言とも脈を通じ、またこの憲法において最高法規として特別に章が設けられました。皆さんにお配りしている条文を、日本語でまず見ましょう。憲法の第一一条に、「国民は、すべての基本的人権の享有を妨げられない。この憲法が国民に保障する基本的人権は、侵すことのできない永久の権利として、現在及び将来の国民に与えられる」という言葉があります。次に、九七条を見てください。「この憲法が日本国民に保障する基本的人権は、人類の多年にわたる自由獲得の努力の成果であって、これらの権利は、過去幾多の試練に堪え、現在及び将来の国民に対し、侵すことのできない永久の権利として信託されたものである」。この一一条と九七条、そっくりじゃないでしょうか。ダブっているから九七条を取ってしまったほうがよかったのだと言う偉い憲法学者が、実はいるのです。しかし、憲法の条文構成というのはもっとダイナミックなものです。もっと目的的なものです。なぜダブるという批判を受けることを覚悟しても繰り返したか。直前に憲法改正の手続きを規定する九六条があるのです。永久の権利であっても簡単に憲法を改正してしまったら、永久に保障されるということはありえないでしょう。しかし九七条を設けることで、皆さんよく胸に手を当てて考えてほしい、憲法改正というのは何でもかんでも自由自在に変えることができるのですか、という謎かけをしています。つまり、九六条の直後にもう一回最高法規としての基本的人権の価値が繰り返される九七条が置かれている意味がここにあるのです。

このように改正の限界を暗示しているのですが、現教育基本法は、実は残念ながらちょっと混在されて変えられてしまいました。もともとの教育基本法は教育勅語と軍人勅諭と対決をするように、日本国憲法体制の精神的支柱となってきました。ちなみに「自由の成熟」ということが教育基本法の深い思想なのです。ともかく日本国憲法が制定されて以来、少なくとも日本国は六〇年間、自衛戦争を含め一度も戦争をしてこなかった。

経済学者たちに、経済政策のことを専攻するコミュニティ学科の諸君に、私が特に訴えたいのは、軍事費負担が事実上免除されて、社会福祉、児童福祉、高齢者福祉、障害者福祉などの民生費に集中して国費を投入でき、そのことによって敗戦後の国家社会再建とその発展を迅速化することができたのです。われわれはこのことを忘れてはならないのではないだろうか、ということです。悲しいことに、厳しい国際情勢のもとにある韓国においては、これができなかったのです。膨大な防衛予算を割かなければならなかった。朝鮮戦争もさらにありましたけれども、日本のように国家予算を民生費に回すことができなかったということがあるわけです。またもう一つ、曲がりなりにも人権意識が各国民に芽生えた。かつての国立、私立大学は教室の静粛を守るためにこわいおじさんがいて、ちょっとでも私語をすればつまみ出す、そういうことが普通だったのです。私はそういうことは大嫌いです。そういうことはすべきでもないわけです。しかし曲がりなりにもそういう人権意識が国民に芽生え、また地方自治の発足とともに、国家のあり方として世界に一つのモデルケースとなっていることを、もっとわれわれは誇りを持って知る必要があるのではないかということです。

二　日本国憲法の由来

そこで日本国憲法の由来を少し押さえておきましょう。日本は第二次世界大戦において、敗戦しました。そのときに日本を占領したマッカーサー司令官は、松本烝治という方に憲法問題調査委員会で、憲法改正の案を作ることを命じました。この案が実はひどいものでした。率直に言うと、大日本帝国憲法をほんのちょっと変えただけだったのです。そこで、今日ここにおられる皆さんと年齢があまり違わない、アメリカ軍の若い兵士たちに起草させたのです。彼らは我流の憲法を作ろうとはしませんでした。東京帝国大学、今の東京大学の図書館にある英文の世界憲法集を借りてきて、一所懸命民主的モデルによる憲法案を作ったのです。ここでは詳しい説明は省略しますけれども、いかに彼らが誠実に一所懸命学びながら作ったかというのは、まだ完全には未解明なのですが、実は資料が残されているのです。その英文の世界憲法集は一九三八年版のものです。そこから推測できるのは、米国憲法、カナダの憲法、それから失効中のワイマール憲法がこの一九三八年版にちゃんと入っていますから、これらの憲法を参照したということです。

憲法学者はよく日本国憲法のルーツとしてフランス憲法を検討しますが、フランス第四共和制憲法（一九四六年）は一九三八年以降であるゆえ、参照できなかったはずです。それはともかくとして、日本の憲法に、米国憲法、英連邦諸国憲法、ワイマール憲法などが基礎としている普遍的な世界観が入ってきたということです。日本国憲法の第九七条に、「人類の多年にわたる自由獲得の努力」という文言があります。これは、自由を獲得するために努力してきた人類の努力、この世界史的な遺産に日本国民も与《あずか》り、自由の発展に貢献していこうとする宣言だということです。ここにおられる学部の若い諸君たちに、このことをぜひ引き継いでもらいたいですね。真剣に引き継いでもらいたいと思います。

聖学院の大木英夫理事長・大学院長［当時］が書かれた『組織神学序説』［教文館、二〇〇三年］という本があります。これはもう大変すばらしい大冊ですけれども、この本の中で日本国憲法に「契約」という理念が入り込んでいると指摘されております。日本国憲法の前文に主権が国民にあることが宣言されています。国政は国民の厳粛な信託によるのです。国民が政府を信じてお任せするという契約関係です。

それからその権威というものは国民に由来する。こういう社会契約を思わせる文言がたくさん出ているということです。ということは、私たちは契約にもっと敏感であり、契約ということにもっと真剣になり、聖学院大学の卒業生は契約は断固として守る、信頼に値する人々だと言われる必要があるでしょう。

契約理念による国家形成は、王様が支配したり皇帝が支配する王政、帝政の打倒なくしては起こりえないことでありました。また契約の意味を皆さんにも考えていただきたいと思います。まず契約という言葉で考えられるのは結婚です。この中に結婚されていらっしゃる方はあまり多くないかもしれませんけれども、親子というもの、血のつながりは血縁の関係です。しかし結婚というのは、血のつながりのない異質な人同士が出会い、結ばれることです。しかも結婚は、神様の前に、あるいは人々の前に約束をして契約をする、契約結婚です。次に考えたいのは、国政を委ねる社会契約です。血縁を軸にする民族国家ではなく、みんな出会い、受け入れあうことのできる人々がチームを作り、パートナーとなって進めることができる契約形態の国家、社会、これが日本国憲法の体制だということです。

ちなみにこの契約に基づく国家の作り方というのは、今から三五〇年ほど前のイギリスのピューリタン革命軍内部の憲法論議に基づいているのです。ここから始まったのです。パトニー討論といいまして、『デモクラシーにおける討論の生誕』というタイトルで聖学院大学出版会からすぐれた全文の訳〔大澤麦・澁谷浩訳、一九九九年〕が出ていますので、興味のある方はぜひ後で読んでみてほしいと思います。さらにイギリスのピューリタンたちは、不安定なイギリス共和国から脱出して、新大陸アメリカに渡って、植民契約を軸に形成される、州国家作りをしました。この契約書が憲法契約になっていって、憲法典になっていくのです。やがて、一七七五年に始まった独立戦争で植民地軍を支援した、応援部隊で入ってきたフランス青年将校たちが、「ああ、こういうやり方があるのか。契約で権力者を縛って、人々を守ることを約束しなさい、聖書に手を当てて約束しなさいという、こういうやり方がある。約束したら契約書にサインをして、国民、州民の幸せのため、福祉のために私は権力を使いますという約束関係がある。こういうやり方があったのだ」と気づくわけです。憲法が実に人権を守るために重要な鍵を握っている、ということに気づくのであります。この一三年後にフランス大革命が勃発していくのです。やがてナポレオンが軍事的占領という方法でしたけれども、半強制的にフランス人権宣言の理念をヨーロッパ中に浸透させていくわけです。ですからルーツは、アメリカの州憲法、それからイギリス・ピューリタンのパトニー討論の契約にあるのです。

さらに契約という言葉は、旧約聖書、新約聖書の「約束」という言葉ですね。神様がユダヤ人あるいは教会の人々を「神の民」として呼んでくださったのは、われわれが実力者であったからではない。最も弱い民であるユダヤ人であっても、神様が一方的に選んでくださって神が契約をしてくださる。身分において差別されていても、力がなくても、神様と出会い、約束するならば、立派な神の民と育てられていく。これが契約の考え方です。これが、なんと国家的規模、世界的規模で広がり、ピューリタンのこの憲法契約、さらにはアメリカ各州憲法典に結実します。

イギリスのピューリタン神学者、アメシウス（ウィリアム・エイムズ）がオランダに亡命することによって、契約神学がオランダへ逆輸入され、スイスを通ってドイツ、アメリカなどにも広がり影響を与えてきたということが、指摘され始めています。こうなると、契約という思想がヨーロッパからアメリカへと展開したのか、イギリス・アメリカからヨーロッパへか、あるいは相互循環なのかということは面白い課題になるかもしれません。

三　日本国憲法への近年の批判

さて、このような普遍的価値に基づいた日本国憲法でありますが、最近、罵詈讒謗《ばりざんぼう》と言えるほどのひどい批判が次から次へとなされています。ここに私が引用したのはごく一部なのです。『永遠なれ、日本』〔中曽根康弘、石原慎太郎著、ＰＨＰ研究所、二〇〇一年〕という本が出ました。この本で「エゴイスティックなアメリカからの押し付け憲法を排除せよ。日本はアジアのリーダーたれ。サムライの精神でもう一度アジアのリーダーたれ」と言っている方がいます。それからまた、この本を大いに評価し、「憲法改正の声が増えたのは、民族復元同化力の証である」とある論者は言います。しかしここにおられる女子学生諸君に、男性である私が引用しますけれども、この二人は「女性は男性に指導されなければだめだ」ということを発言しているのですよ。皆さんこれをどう思いますか。私は許しがたい発言だと思いますよ。

憲法改正して、男性原理を回復し、女性は家庭にいて大家族の奉仕者になっていくことが、日本的な伝統的な知恵であり、美徳なのだと言うのです。ここまで言われていることを、皆さんはどう考えられるだろうかと思うのです。というのは、憲法改正の支持者は男性よりも、今圧倒的に女性なのです。なぜ女性がこういう憲法改正を支持するのか、自らの権利を放棄していく方向に賛成するのか。おそらく強い男性を見出すからなのかわかりませんが、私はちょっと考え直してほしいと思うのです。

ある女子大の教授は、その著書の中で、「自由平等の概念は欧米諸国が作り上げたフィクションであり、私は民主主義の前提条件を根底から疑う。私は民主主義では社会は国家はやっていけないと思う」という発言をしています。「大切なことは人格の理念ではなく、自然の中に溶け込んでいく存在だ」と言うのです。そして「言われるとおりに素直に動く精神こそ、日本的な美しさである」と言うわけです。そこでその著者は最後にこう言うのです。「アメリカもヨーロッパも、中国も韓国も、すべてだめである。世界を救うのは日本人である。日本人の美的感覚、美意識こそが世界を癒す」。このような主張の本が、なんと一〇〇万部のベストセラーになっているのです。皆さんはこのことをどう思うかということです。これは本当に批判的に学ぶ必要があるだろうと思います。

　そして指導的政治家です。「日本の経済発展の秘密は天皇にある。私は日本の家庭の理想は大家族主義にある。そして諸外国も評価しているこの日本、美しい国日本こそが、世界に冠たるジャパン・アズ・ナンバーワンにならねばならない。ジャパン・アズ・ナンバーワンの時代が来る」と言うのです。はっきり申し上げて、私は日本人として恥ずかしいです。日本の敗戦についてまったく学びもせずに、日本はすばらしいと発言していることはあまりにひとりよがりです。「俺は偉い」という、こういう発言は。こういう精神に、若人である君たちが与《くみ》してはいけないです。人間として大切なことは、敗戦の体験を忘れずに継承し、そして謙虚に学ぶ精神こそが日本人を強くし、発展させてきたのではないかということです。

　私はこの日本国憲法バッシングの状況の中で、いくつか反論をしたいと思います。まず「日本国憲法は押し付け憲法だ」と謗《そし》る人たちに対してであります。日本国憲法はアメリカ憲法やフランス憲法の生写しだという声があります。私はフランス憲法は関係ないと思っていますけれども。しかし、日本国民は漢字、稲作、仏教、神道の教養体系、日本の伝統工芸、どれ一つを取っても、自ら創造したものは一つもないという事実があります。この点について、私は日本人として、正直に皆さんと認識を共通にしたいと思います。でも私たち日本は諸外国から文化や制度を吸収し、咀嚼《そしゃく》し、改良し、発展させてきたということは確認したいと思います。そこに日本人の誇りがあるということです。そこで、ある人々は大日本帝国憲法が日本人自ら創造したものと主張しますが、そうだとは到底思えません。一九世紀のプロイセン憲法を参考にしているのですね。ドイツ憲法をドイツの学者たちなどを招いて、明治の人はそれなりに学んだのです。押し付けでないかもしれない。でもルーツは日本固有のものではない。しかしそれを咀嚼しようとした。それならなぜ日本国憲法を咀嚼、吸収していこうとしないかということを言わざるをえません。

次に、日本国憲法は伝統軽視だという批判があるということです。しかし伝統とは、国内、国外を問わず、歴史的遺産を学んでこそ花開くものであります。歴史的遺産というのは日本の国家だけのことではありません。普遍的価値を育んできた世界史的遺産を学んでこそ、花開くのです。日本の歴史を調べれば、そのように歩んできたではないかということです。普遍的価値を学ぶ中に現れる個性こそが、本物であります。

第三に、日本国憲法が平和憲法といわれるゆえんとなっている憲法前文と第九条に対する批判です。世界情勢は防衛問題で緊迫していますが、日本国憲法の前提条件、前文にこういう文章が出てきます。「恒久平和を念願し、人間相互の関係を支配する崇高な理想を深く自覚し、平和を愛する諸国民の公正と信義に信頼して、われらの安全と生存を保持しようと決意した」と書かれてあります。ところがいまや平和を愛好しない国が現れてきたのだ、それならば対抗するために再軍備を含めて日本国憲法の前提条件を大幅に変える必要がある、という批判であります。

しかし、私たちが学ぶべき米国憲法で、私が唯一引っかかっている条項があることをご紹介したいと思います。武装自衛の権利です。市民の武器を携帯して自衛する権利は保障されるという、米国憲法修正第二条があります。この条項があるために米国は銃社会から脱出できないでいるわけです。武器というのは何のためでしょうか。自衛のためです。防衛のためです。それなら米国社会は銃被害が最も少ない国家でしょうか。皆さんのほうがお詳しいと思います。世界最大の銃被害国、それは米国です。武装自衛の権利が人権侵害になるということは、先ほど私が述べた、仮想敵国から自らを防衛をしようとするときには、自らが仮想敵国に似てくるという人間の悲しい現実によります。たとえばかつての明治維新体制下の日本の前提条件に、外国からの植民地侵略への対応がありました。しかしそれがかえって日本の外国への植民地侵略につながったことも知っておかねばならないということです。また軍事費は、いったんはずみがつけば増加の一途をたどり、大変な民生圧迫になるということは、種々の例をあげるまでもないということも言えるでしょう。

そこで憲法九条を見ていただきたいと思います。「第一項　日本国民は、正義と秩序を基調とする国際平和を誠実に希求し、国権の発動たる戦争と、武力による威嚇又は武力の行使は、国際紛争を解決する手段としては、永久にこれを放棄する。第二項　前項の目的を達するため、陸海空軍その他の戦力は、これを保持しない。国の交戦権は、これを認めない」。皆さん、これをどのように理解なさいますか。この九条に対しては、四つの解釈があるのです。ご紹介したいと思います。

第一項に関して、自衛戦争を含めて日本は戦争を一切しないという解釈。これが一番目の解釈です。第二項は、当然のことを念を押すように決めたのだということです。二番目の解釈は、九条の第一項にある「国際紛争を解決する手段としては」という言葉に着目せざるをえないということです。これは武力戦争、制裁戦争、まさに自衛戦争を除く紛争を解決する手段という意味なのだから、第一項では自衛戦争は放棄されていないという解釈です。ただし第二項、「前項の目的を達するため、陸海空軍その他の戦力は、これを保持しない。国の交戦権は、これを認めない」ということが規定されています。第二項で結局自衛戦争は放棄されるという解釈であります。三番目の解釈は、「前項の目的を達するため」という言葉を「国際紛争を解決する手段として」という目的だと理解するのです。ということは侵略戦争、制裁戦争の目的を達するために限り、陸海空軍その他の戦力はこれを保持しない。だから自衛戦争は国際紛争を解決する手段を目的とする第二項にあっても、行うことができるのだという解釈です。二番目の解釈は、第一項部分放棄・第二項全面放棄説という考え方です。それから三番目の解釈は、第一項、第二項部分放棄説という考え方です。

それからもう一つ、こういう解釈もあるのです。九条の一項に「武力による威嚇又は武力の行使は、……永久にこれを放棄する」と書いてあります。第二項に「陸海空軍その他の戦力はこれを保持しない」と書いてあります。つまり、武力と戦力というのは違うのだという解釈なのです。戦力は近代戦争を有効適切に遂行するパワーである。武力は警察力の延長範囲のパワーである、とこういう理解なのです。そうすると、国際紛争を解決する侵略戦争においては、警察力も用いないという解釈ですね。しかし第二項で、前項の目的を達するために放棄したのは、近代戦争を有効に遂行する核兵器とか、そういう超兵器の戦略のみを放棄するのだから、自衛戦争に基づく警察力の延長上の警察予備隊的な力は合憲であるという解釈なのです。皆さんはそれをどう理解するかということです。

私は、憲法上解釈、どう読んでも第一項（および第二項）全面放棄説以外に読めないのです。戦力と武力の区別というのはGHQ民生局スタッフが作った英文原稿を読めば、同じ言葉が使われていることが一目瞭然、これは成り立たない議論だということが実はわかるのです。その説明は今は省略します。しかし私は、現在、自衛隊員の人権擁護、自衛隊員の社会的身分保障を明確に規定しないまま五〇年以上来てしまっていることも、考えなければならないと思います。これらの法解釈を責任的にはやはり考えざるをえない。このようなジレンマに立たされることを皆さんに告白したいと思います。現在の自衛隊というものがこれ以上増強されないために、憲法九条を変える必要がないと解釈する人が多数となるために、私はやはり、自衛戦争の第二項全面放棄説という考え方を支持したいと思います。第一項は部分放棄であり、「国際紛争を解決する手段」という用語の伝統的解釈からすると、やはり自衛は除かれていると言わざるをえません。ただし自衛隊は、やはり非軍隊化を常にはかり、軍事費の増大を抑制すべきであるということを忘れてはならないであろうと思います。自衛は認められているとする解釈は、歴史的に見れば、軍隊というものは、いったん歯車がはずれれば、国民や市民に牙を向けてくる両刃の剣です。これ程経済が疲弊し、ようやく今立ち直ろうとしている現在、軍事費よりは民生費に予算を回すべきではないでしょうか。これから後お話しする、日本国は文化国家、教育、芸術の偉大な国家になっていくべきである、また福祉国家になっていくべきであるという観点から、このように軍事費抑制の論を立てざるをえません。

四　日本国憲法施行六〇年以降を展望して

さて、最後に、日本国憲法施行六〇年以降を、これから展望したいと思います。ある憲法学者が、変えていけない法律は憲法を含め、何一つないということを言われております。不磨の法典というのは一つもないということは、理論上は私も認めざるをえません。しかし近代的憲法は改正を非常にやりにくくしています。ここではなぜ改正を難しくしているかということをお話ししたいと思います。

憲法というものは、たとえ一九四五年の敗戦の混乱期であったとしても、基本的にはその時の全国民の同意があるとみなして成立するものです。ということは、この、いったん制定された憲法というものは、革命的な事態がない限りは変えずに守られるべきものなのです。正確に言います。追加するのはいいです。たとえば人権条項を追加するのはありえるのですけれども、基本的に最高法規であり、最高価値を表す憲法はそう簡単に変えてはならない。つまり、地方自治の本旨、平和主義、それから数々の人権擁護などの根本は変えてはならない。主権者全員の賛成が得られない限り、本当は憲法というものは変えるものではないという、それほど重みを持っているものなのです。主権者の全員一致の原則とは何か。少数者の権利を守るための法、少数者の人権擁護のための法であります。

（1）国民主権

そのことを前提として、日本国憲法の重要な点を六項目について取り上げてみたいと思います。まず第一番目。日本国憲法に「国民主権」という言葉がありますが、英文版を見ますとネーションという言葉は使われていないのです。ピープルという言葉なのです。'government of the people, by the people, for the people' という言葉を聞いたことがありますか。エイブラハム・リンカーンの言葉ですね。第一六代アメリカ合衆国大統領のリンカーンが言った民主主義の根本原則です。人民の人民による人民のための政治ということです。ネーション（国民）とピープル（人民）はどこが違うか。外国人は国民であるのかという外国人登録の問題があるでしょう。それからこの人民の中には、国民という納税責任を果たせる成人国民だけでなく、幼児あるいは知的ハンディキャップのある方、生きとし生ける者すべてが含まれ、この権利の享有を許される主体です。旅人も権利の便益を受けられるというこの宣言。これが「オブ・ザ・ピープル、バイ・ザ・ピープル、フォア・ザ・ピープル」であります。したがって、本来日本国憲法は確かに前文に国民主権という言葉がありますが、アメリカ合衆国憲法に見られるように、徹頭徹尾すべての人々が主権を持つという、人民主権的解釈が必要であるということであります。そしてそれは象徴天皇制はともかく、天皇主権の徹底的な否定の上に成り立っている。特定の人に主権があるのではないということです。ちなみに授業でも私は皆さんにたずねますが、主権の権と人権の権、権は権でも同じ権ですか、と聞きます。この違いに気をつけてください。国民主権の主権というのは主権力、パワーなのです。'supreme power, sovereignty'、これが主権です。基本的人権の権は権利の権'rights'。正義のもとでの、人間の当然受けられるべき人格的利益、これが人権であります。

（2）基本的人権

そこで二番目ですけれども、憲法は国家権力を抑制することによって人権を守るのです。国家公務員は就任するときに、この憲法に、手を置いて、誓約をして国家公務委員になっていくわけです。契約書なのです。私たちを守る契約書、この憲法が人権を守っているということです。しかし現代は多国籍企業など、国家以上に強力な力を持つ団体をも抑制してこそ人権が守られます。また東京都のような、国家レベルでいってもベスト五〇に入るような、大変強大な権力を持つ地方自治体のパワーも、抑制されてこそ人権が守られるということになります。

さて、これからの皆さんにとって大事なことは、人権の課題というのは、日本国憲法に四カ所出てくる、「公共の福祉」の正しい理解にあるということを申し上げたいと思います。英語では'public welfare'ということです。パブリックというのは共同体です。この憲法が守るべき人民すべてを含む共同体なのです。それがパブリックであります。国家ではありません。ナショナル・ウェルフェアではない。パブリック・ウェルフェアです。ウェルフェアは福祉です。この公共の福祉を正しく理解することを諸君たちにお願いしたいと思います。というのは、昭和三〇年代頃までに人権制約的な諸法が、次々合憲とされたとき、最高裁は、公共の福祉を理由とする合憲判決を乱発したのです。明らかに「国家政策上の利益に反しない限り」ということを、「公共の福祉に反しない限り」の意味だと解釈しました。そうではないです。「公共の福祉に反しない限り」ある人権が保障されるということは、隣り人の福祉が守られてこそ、隣り人の人権が守られてこそ一人の人権は守られるという、個と共同体の権利の関係を示す言葉であるのです。

自由権はわれわれにあります。しかし何をやってもいいということではない。自由権はほかの人の人権を阻害しない限りにおいて守られるという、内在的制約としての公共の福祉感覚を大切にしたいと思います。聖学院が二〇〇二年に制定した教育憲章の「聖学院教育の理念」に明記されています。一人ひとりが神からかけがえのない賜物を与えられている、つまり一人ひとりがオンリーワンの価値を持っているという確信に立って教育に取り組むと宣言されています。でもそのオンリーワンという価値は、フォー・アザーズ、他者の幸せのために、他者に仕えていく者としてのオンリーワンの尊い価値があるのだ、ということを宣言しております。公共の福祉とは、文字どおりのフォー・アザーズ、他者のための福祉です。その上に、オンリーワンという人権があるということです。

それからもう一つ。憲法二五条に、特に人間福祉学科と児童学科の人々は大切にしないといけない条文があります。この二五条は、「すべて国民は、健康で文化的な最低限度の生活を営む権利を有する」という条項になっています。この「すべて国民は、……最低限度の生活を営む権利を有する」ということは、今日のような格差社会、適者生存、自由生存競争的な中で、力の弱い者は次々と消滅していけばよいという考え方に対する歯止めなのです。生存する力がないのは、怠けているからではない。過酷な家庭環境、過酷な災難、そういったことの中で人間のほとんどは、生存する力を失ってしまいがちになるのです。そのことに国家は責任を持ちなさいということです。地方自治体は責任を持ちなさい。いわんや阪神淡路大震災で、多くの若人がボランティアとして暖かい手を伸ばしたごとく、手を伸ばしていきなさい。これが公共の福祉に反しない限りという意味だということです。理論的に言えば、財産権的自由権を一部制約することで、社会権としての生存権を守る、その用語が「公共の福祉に反しない限り」の意味だということです。これからの時代、一人の人権と、その人が人格の完成に向かって自分の人生を充実させていく生存権的な責任を、国家や社会がどのように、あるいはわれわれがどのように助け合っていくかということが、歴史的課題だろうということをつけ加えたいと思います。

「少子化で、税収入が減りました。小さな政府でやっていきます。もう弱い人の面倒は見られません。皆さん自力でがんばってください。競争で格差ができました、お気の毒に」。こういう考え方でいいかということです。税収入は限界があります。しかし、小さな政府論の盲点を、われわれは生存権的な保障、社会権の保障という観点を考えたときに、忘れてはならないということです。この中でもし公務員になっていく諸君がいるならば、国家や地方自治体はこういう一人の弱者を守っていくということをさぼり、不作為であってはならない。一人の立場の弱い寄留の外国人を守るということに、責任を持たなければならない、ということを忘れてはなりません。

そして今日、私はもう一つ、これは国家にも呼びかけたいと思います。現在、教育に対する補助金は、やがてはゼロにされるかの勢いであります。財政改革を旗じるしに学術助成も真っ先に切り落とされていきます。切り落とされないのは経済力回復のための経済投資、それらです。しかしこの日本社会、それからさらに日本がどのような国家であるべきかという理想も、日本国憲法は示しているということです。「われらは、平和を維持し、専制と隷従、圧迫と偏狭を地上から永遠に除去しようと努めている国際社会において、名誉ある地位を占めたいと思う。われらは、全世界の国民が、ひとしく恐怖と欠乏から免かれ平和のうちに生存する権利を有することを確認する」。このような理想を追求する国民がただ食べているだけでよいのか、一定収入があればよいのか。人間として芸術や、学問や、勉強や、あるいはボランティアや、いろいろな文化活動をしていくということを、なぜ国家が支える責任を持とうとしないのかということです。社会福祉国家、また文化国家というモティーフを、われわれは声を大にして為政者たちに言わざるをえません。

皆さんが結婚して子どもさんが生まれたときに、教育費の助成という問題にすぐに直面すると思います。そのときに、この話を思い出してほしいと思います。東京都でも区によって、教育助成額はかなり格差が出てきました。都県の間でも相当出てきました。でも逆に、私が関わっております荒川区で、法律がどうであれ、地方自治体でできることがいっぱいあるはずだという発言をして、非常勤の職員の身分の改善とか、あるいは共働きのお母さんたちへの育児補助を増額しています。ほかの支出を合理化して増額できる余地というのは、驚くほどあるのです。行政の仕事の見直しによって実現しています。大事なことは、どういう自治体、どういう国家、社会を築くかという理想であり、それがないから、着手できないことが山積しているのです。

（3）国際平和主義

三番目は国際平和主義です。私は授業でも、毎年安易に戦争肯定的な発言をする学生が増えていることが、いつも気になっております。映画文化もよくありませんね。戦争あるいは自衛の戦いということを賞賛するような、映画やアニメも大分出てきております。弱い人々が戦争の中で流血するということ、せっかく築いた家庭が爆弾一つで崩壊していくということの痛みに対する感受性を、われわれはもっと回復しなければならないのではないでしょうか。ところで、日本国憲法の理想とする平和主義を実現するためには、外交力ということが鍵であります。外交力は一部の国への追随的なものでは決してないはずです。一部の国が顔色を変えるほどの、模範的な実践行動こそが、国家の道義を高め、国家の発言力を強めることになるのではないでしょうか。日本国憲法が、仮にアメリカによる押し付け憲法だといたしましょう。よろしいです。アメリカから「国際情勢が変わった、軍事費の負担増、それから多国籍軍への何らかのかたちで責任を果たせ」との強要があったときには、ユーモラスに、「押し付けられた憲法を、われわれは愚直なまでに守らないといけないので、できないのです、アメリカさん」と、こう言うのが外交力ではないでしょうか。それからまた、愚直なまでに日本国憲法を遵守《じゅんしゅ》することで、銃社会の問題あるいは死刑制度の問題、教育問題、補助金問題、いろいろな問題を、友であるアメリカに率直に語りかける言葉を持つことができるのではないかということです。

そこで私は、諸君の中には反対の意見を持つ人がいるかもしれませんが、はっきり言っておきたいことがあります。従軍慰安婦問題です。私はこの従軍慰安婦問題は未解決だと思っております。現首相［安倍晋三］は二一回謝ったと言われているわけです。「ごめん、ごめん」と二一回謝りましたよ。まだ謝れって言うのですかと。しかし、被害者となった方々の心というものをどう受け取るかということです。本当にこの心を考えるならば、日本の軍属がなしてきた性差別的な人間奴隷のあり方に、本当に胸に痛むならば、行動で示す必要があります。然るべき方への訪問ということもあるでしょう。こう言うと、膨大な慰謝料をとられますよ、という意見がすぐ出てくるのです。逆に言うとそのことを隠れ蓑《みの》にして、従軍慰安婦問題に目をそむけてしまいがちですが、この被害を受けた方々の叫びに耳を覆う限り、近隣諸国との本当の対話はスタートできないと、私は思っています。贖罪は終わっていないと思います。

なぜならば私は一人の日本人として、歴史を学んできた人間として言います。第一次世界大戦でドイツは過酷な賠償金を取られました。第二次大戦は賠償金ではなく国土が蚕食《さんしょく》されました。日本もそうかもしれません。しかし少なくとも日本は、賠償金は一銭も払っていないのです。賠償金を一銭も払わないで済んできたのは、サンフランシスコ平和条約で本当に謝罪をし、平和貢献の方向で国家がやっていくということで、特別の恩恵を受けて日本国家を再建しやすくしていただいているということです。私は日本で語るからこそ、この倫理的な負い目ということを、われわれ日本人は宿題を持っているのだということを、真剣に考えていくべきだと考えます。このことなしに、なぜ軍備増強で外交力を持つことができましょうか。

（4）地方自治の充実

四番目に地方自治の充実について話したいと思います。以前は国家に主権があって、財源は人材も含めというと語弊がありますが、中央政府が独占をし、仮出張所のようなかたちで県、市がありました、町がありました、村がありました。しかし現在はこれは逆なのです。人民主権です。人々に主権があるならば、人々に最も身近な基礎単位にこそ、自治の主権があるべきではないでしょうか。中央政府がやったほうがよりよいところは、地方自治の権限が国家へ逆授与されることがあるくらいの逆の考え方があるではないでしょうか。道州制の問題を取り上げるならば、ここまで行かなかったら私は嘘《うそ》だと思っております。現在の道州制の議論は、非常に中途半端なかたちで行われていることを申し上げたいと思いますが、特に自主財源配分の原則の問題があると考えています。つまり、地方自治に人間と予算をもっと回し、地方自治レベルで児童福祉、社会福祉、文化の育成、こういったことをなす体制にすべきです。その意味で国家はスリムでよいのです。

（5）主体性の課題

さあ、いよいよ聖書的なメッセージとも関わってまいります。私たちは、こんなにいい、すばらしい日本国憲法をプレゼントされて、しかもマニュアルつきの解説書までつけていただいたのですが、この宝を持ち腐れにしてよいのだろうかということです。特に若い諸君に呼びかけたいのですけれども、この憲法というものが契約書であるならば、契約主体がしっかりしていなかったらすばらしいものも生かせない、何にもならないということです。皆さんの幸せは、国家や私や、誰かに命令されて、言われたとおりに動くことに幸せがあるだろうかということです。最低限こちらが呼びかけたことに、まあ合意しようというところに、人格的な呼応関係が生まれ、それによって社会がよりよく形成されていくのではないでしょうか。

私は、大学の教授会に対してもそうですし、また学友会諸君、学生諸君に対しても、フォー・アザーズということがしっかりしている限りは、本来一〇〇パーセント主権主体をお預けしていくという方針で進めております。でも契約主体が暴走したり、構成員の知力、体力、精神力が弱く、一人のガキ大将が威張り始めるような体制ならば、話は別です。共同体を形成しながら、世界、アジア、特に東アジアの中で、本当に平和と希望と健全なる経済発展、健全なる文化発展のモデルとなる、国家と社会の道義を高めていく、この共通目標に向かって、お互いに意欲と倫理観を向上させようではありませんか。エートスというのはそういうものです。その意味で、言われるままではなく、あるいは圧迫感から来る脅迫観念からではなく、合意と同意と学習ということを通して自発性を健全に成長させる教育体制が必要です。つまり、人格の完成へと目指せる教育体制が形成されていること、共同体社会形成ができていること、また家庭形成ができていることがありませんと、せっかくの憲法が力を発揮できないということになるでしょう。

（6）ヴォランタリー・アソシエーションの役割

最後にヴォランタリー・アソシエーションという言葉についてお話ししましょう。憲法の二一条を開いていただきたいと思います。「結社の自由」という言葉があります。憲法二一条。「集会、結社及び言論、出版その他一切の表現の自由は、これを保障する。検閲は、これをしてはならない。通信の秘密は、これを侵してはならない」。英文を見ましょう。

'Freedom of assembly and association as well as speech, press and all other forms of expression are guaranteed. No censorship shall be maintained, nor shall the secrecy of any means of communication be violated.'

この中に「フリーダム・オブ・アッセンブリー、アンド、アソシエーション」という言葉があります。フリーダムという言葉は、自発的な自由という意味ですから、この言葉を仮にヴォランタリー（自発的）という言葉に置き換えれば、まさにヴォランタリー・アソシエーションの権利が保障されているということです。これは翻訳で「結社」などというのは、よくない言葉でありますけれども、結社というのは本来ヴォランタリー・アソシエーション、自発的な共同体の単位のことです。株式会社がそうです。NPOがそうです。国家神道や国家教会ならぬ自由な宗教団体、自由教会、これもそうです。私立学校、私立大学もヴォランタリー・アソシエーションです。近代精神、現代精神は、この世界史的潮流の中で、この憲法が定めるヴォランタリー・アソシエーションの存在がますます重要な意味を持ちます。そのヴォランタリー・アソシエーションの中で諸君たちが大いに力を発揮し、社会と国家、地方自治体の道義を高めていく、この方向に、新しい希望があるだろうということです。

日本国憲法はすばらしい憲法です。再認識していただきたいと思います。課題はそれを使用できるか、使いこなせるかどうか。ここにわれわれの、これからの未来の課題がかかっております。

日本国憲法の成立の背景や現代におけるその意味などについて、学習をまったくせずに、安易なイメージ作りで、やれ憲法が押し付けだ、アメリカが押し付けた悪いものである、そして日本の伝統に帰れば明治維新のすばらしい状態に戻るというような反知性的動きがあります。そのような動きに対して、少なくとも聖学院大学で学んでいる方々は、「ノー」という判断を持っていただきたいと思います。その上でいろいろな国家作り、社会作りの発言の自由はあるだろうと思います。

今日私は諸君たちに、かなり広い範囲だったかもしれませんけれども、日本国憲法の意義について語ってきました。最後に特に申し上げたいことは、私は、今の国家社会の行く末、アジア、世界における日本の行く末に、大きな懸念と心配を持っていることです。日本が世界、アジアの国々から信頼される国になっていくという希望を君たち若人たちに託したいと、心から願っております。そして私も命のある限り、若い諸君たちと一緒に、この日本、世界を少しでもよい方向に形作っていくことに、生涯を捧げたいと思っております。

（二〇〇七年五月二三日「キリスト教講演会」）

大震災後の東アジアおよび世界の平和の構築の課題

『紀要』No.55 2012（2013年3月30日）

二〇一三年の九月一日は、一九二三年の同日に発生した関東大震災から九〇周年である。一都九県にわたり、死者・行方不明一〇万五千人余、倒壊・焼失家屋（含む半壊・半焼）四〇万弱戸。津波やトンネル崩落事故もあったが、強風により火災が広がり、さらに火災旋風が発生し、被害を大きくした。

被災直後、アメリカ（圧倒的な規模）、イギリス、中華民国、インド、オーストラリア、カナダ、ドイツ、フランス、ベルギー、ペルー、メキシコなどから膨大な救援物資、医療物資が届けられた（なお韓国は当時大日本帝国に併合されていたため、当地の「国内募金」がどれくらいあったかについて記録なし）。これらの支援、救援は、各国の官民を問わず積極的になされた。特に、アメリカ合衆国は、政府・教会を問わず、「日本を救え」との合言葉のもとに、募金に応ずる人々により街中で長蛇の列ができるほどであったと報じられている。この動きがアメリカ政府による「日系人排斥運動」のさなかに起きていることを認識する必要がある。つまり異なる声が国内で共存していたのである。少なくともアメリカの支援は国民レベルで世界でも群を抜いていた。これらの研究は現在の日本でまだ十分とは言えない。関東大震災後の再建における従来からの日本国内の注目点は自力再起である。しかし日本の深刻な試錬に対するこれらの国々の官民を問わない連帯と救援の意思表示を、私たちは決して忘れてはならないであろう。

ところがこの後、大日本帝国は高圧的かつ好戦的な外交姿勢を採ってゆく（関東大震災時に起きたいわゆる「流言飛語事件」とそれに続く悲惨な事件の真実の歴史認識は別途確定するとして）。柳条《りゅうじょう》湖《こ》事件（一九三一年）、「上海《しゃんはい》事変」およびいわゆる「満洲国」建国（一九三二年）、国際連盟脱退（一九三三年）、ワシントン海軍軍縮条約破棄通告（一九三四年）、盧溝橋《ろこうきょう》事件（一九三七年）などと続く。それはあたかも自然災害で深く傷つけられたプライドを取り戻すかのように、かつての大震災の被災に手を差し伸べた国々に攻撃的態度を採ってゆく。これを繰り返してはならない。

面積約三八万平方キロメートルの日本国土および日本領海を取り巻く状況は、プレートテクトニクスから見た場合、太平洋・北米・ユーラシア・フィリピン海プレートという四枚のプレートが活発にぶつかり合う大変珍しい危険な地域である。事実、マグニチュード七以上の地震は世界で過去九〇年に九〇〇回ほど起きているが、そのうち一〇パーセントが日本で発生している。日本国は歴史的に見て、外国からの侵略や攻撃よりも（国内の戦乱・騒乱は別として）、自然災害による生命・財産への脅威のほうがはるかに大きく深刻である。日本国民は、戦争から学んできた知恵よりも、自然災害の中で助け合いながら互いのいのちを守りながら生き抜く知恵を獲得してきた。

日本国憲法前文は以下のとおり宣言する（引用は途中から、旧仮名遣いのまま）。

日本国民は、恒久の平和を念願し、人間相互の関係を支配する崇高な理想を深く自覚するのであつて、平和を愛する諸国民の公正と信義に信頼して、われらの安全と生存を保持しようと決意した。われらは、平和を維持し、専制と隷従、圧迫と偏狭を地上から永遠に除去しようと努めてゐる国際社会において、名誉ある地位を占めたいと思ふ。われらは、全世界の国民が、ひとしく恐怖と欠乏から免かれ、平和のうちに生存する権利を有することを確認する。

われらは、いづれの国家も、自国のことのみに専念して他国を無視してはならないのであつて、政治道徳の法則は、普遍的なものであり、この法則に従ふことは、自国の主権を維持し、他国と対等関係に立たうとする各国の責務であると信ずる。

日本国民は、国家の名誉にかけ、全力をあげてこの崇高な理想と目的を達成することを誓ふ。

（一九四六年一一月三日公布）

日本は不安定な山地に囲まれており、平野部も狭隘《きようあい》であり、食糧・エネルギー等の自給はまったく不可能である（江戸時代のように特定階級の方々をひどく搾取する体制にするならば話は別であろうが）。貿易で立国するしか生き延びる道はない。貿易は、平和な外交関係と市民レベルでの人々の自由な交流が絶対の前提となる。自由な交流、すなわちきずなの構築は、生き抜くための共通目標を抱き合うことである。自然災害の中で生き抜くことは、避けたい辛い現実ではあるが、この共通目標を描く入口にもなりうる。

ところで東日本大震災でも、世界中でアメリカ（最大の支援国）をはじめとする多くの国々、韓国（いくつかの教会が世界に先立って真っ先に支援を開始した）、台湾、タイ、中国、ブータン（国王自ら陣頭呼びかけ）をはじめとして世界のほとんどの国々の一九一カ国、四三国際機関などから温かい支援があった。これらの中には、外交・経済政策で厳しく対立している国々を含み、またGDPなどで国民の多くが決して豊かな生活をしておられない国もある。さらに経済支援だけでなく、自然災害に対して有効な知恵を学んだ国々が救援隊を派遣して、事実多くの被災民の命を救ってくださった事実がある。

繰り返される自然災害に耐え、日本がここまで歩んで来ることができたのは、日本人自身の努力があったことは確かである。しかしそれとともに、歴史的に近隣の多くの「異」国人で日本に骨を埋めるべく帰化された方々が真剣に、稲作・漢字・

織物・漆器・仏教・儒教などの世界的文化を伝えたからでもある。災害支援とともに、このことを私たちは決して忘れてはならない。

日本国憲法前文の究極の目標は世界の平和である。世界の平和は、忍耐と感謝と目標の共有と感謝から生まれる。東日本大震災で東北の被災地の方々が示された忍耐は、世界の人々に深い感動と生きる勇気を与えた。残るはまず感謝であり、恩返しの精神である。草の根レベルからのこの感謝が、アジアに世界に、争いを抑止し平和のきずなをつくるという目標の共有へ向かう第一歩を築くことになろう。

第Ⅱ章
国家と個人

『紀要』No.30 2004（2004年9月30日）

「国籍離脱の自由」の反語的意義

――東アジア社会のグローバル化の源流との関連において

任那《みまな》の謎。通俗的日本史理解においては、数々の謎が存在する。『日本書紀』によれば、四～六世紀頃に朝鮮半島南部にあった伽耶《かや》［加羅］諸国のうち、現在の慶尚南道金海付近に存在していた金官国に大和朝廷が日本府を置き、任那と呼んでいたとされる。不思議なことは、大和朝廷政権が北海道を除く日本各地の支配の掌握力を磐石《ばんじやく》ならしめるに反比例して、任那は衰退化し、同政権の朝鮮半島の橋頭堡《きようとうほ》が弱体化していくという点である。日本書紀の記述が仮に正しいとしても、なぜ権力基盤の弱かった初期の大和朝廷が朝鮮に、それ以降では考えられないような強力な足がかりを海を越えて持ち得たか、ということである。まったくの仮説であるが、出自がノルマン人のウィリアム一世がフランスからイギリスへ攻め込んで征服した一〇六六年のノルマン・コンクェストを七〇〇～八〇〇年ほど遡《さかのぼ》らせて東アジアで類似の事件が発生していたとすればどうであろうか。ノルマン王朝およびその後継王朝のイギリス支配を強化するに逆比例して拠点地の欧州大陸から駆逐され、英仏百年戦争での一四五三年のカレー喪失で終焉を迎える。同様に、当時の日本の支配者も中国大陸の東端部から四世紀以前に日本へ攻め込み征服し、日本掌握と反比例的に朝鮮拠点は衰退し五六二年の任那を含む伽耶滅亡、六六三年の白村江《はくすきのえ》の敗戦による全拠点の喪失という事態を迎えたと考えるのは妄想であろうか（なお、岸田秀氏が類似のことを考えておられることを最近知った）。少なくともはっきり言えることは、近代的国家概念で地域を考える限界の点である。国境線が厳然と存在する時代はかなり後年である。それまで人々は、遮るものがなければある程度自由に地域空間を移動していたと考えられる。国家・民族ナショナリズムは近代思想の落とし子である。古代の中国、朝鮮半島、台湾その他東アジア地域には、現在のわれわれが想像するところをはるかに超えて、容易な移動と深い交流があったと推定できる。そこが住みやすく生計を立てるに便宜があると判断される時、人は定住していったであろう。

ところで、一九四六年公布の『日本国憲法』第二二条第二項に「国籍離脱の自由」が保障されている。「外国移住の自由」と交錯しつつも異なるこのような規定は、一八八〇年の『大日本帝国憲法』には無論「居住・移転の自由」以外存在しない（事実、大日本帝国憲法時代の国籍法では日本人がその一方的な意志だけで日本国籍を離れることを原則認めなかった）、その憲法に大きな影響を与えた一八五〇年の『プロイセン憲法』にも「国外移住の自由」を除いて存在しない。一方、一九四八年の『世界人権宣言』第一五条に「国籍変更の権利」が「国籍を剝奪されない権利」とあわせて規定されている。個人の特定の国家との関係は、生まれながらの必定ではなく、各個人の意志によって規定される。この日本国憲法の条項は法制史上大変珍しく、旧大東亜共栄圏に強制的に入れられた諸国民の権利に配慮して草案が作られたとも考えられる。それはともかく、今日の日本国は、日本国籍を有することを欲する者によって構成される原則によって立っている。

「万世一系」の伝統の中にたまたま生を受けた人々によって構成される国家というヴィジョンは歴史的産物であろう。ひとりの国民があえて生まれながらの国籍を保持し続ける意志は、その国がいかなる国家であるか、いかなる国家体制で営まれるかを明確化することにかかっていく。その明確な宣言は憲法にほかならない。近現代的意味においてますますグローバル化し、諸価値の繚乱《りょうらん》する東アジアを含む環太平洋地域において、普遍性と固有性の価値をあわせ持つ日本国憲法体制の堅持こそが、日本国籍を有し続ける構成員の求心力にますますなっていくであろう。

『紀要』No.35 2005（2006年3月30日）

地方自治の本旨

――「人民の、人民による、人民のための政治」の視点から

日本国憲法はその第八章において「地方自治」の章を新設することによって、地方自治がわが国の国家・社会体制のあり方の本質要素の一つであることを明示している。これは地方自治について何ら規定することのなかった大日本帝国憲法と大きく異なっているだけでなく、欧州諸国の現代市民憲法と比較しても、大変特徴的なことである。日本国憲法第九二条は「地方自治の本旨に基いて」地方公共団体の組織及び運営に関する事項を定めるとしている。問題はこの「地方自治の本旨」とは何かということである。憲法学説上、固有権説、伝来説、制度的保障説等あるが、地方自治権を地方公共団体に固有のものとする固有権説が近年有力である（杉原泰

雄ほか)。その論拠の一つは、地方自治権を自然権としてとらえ、地方公共団体を固有の自然権を持つ個人になぞらえる考え方である。もう一つは地方公共団体が国家に先行して存在し、かつ地方公共団体がその自治権の維持・擁護を含めてその利益のために国家を形成したとする考え方である。いずれも、地方公共団体は固有の自治権を持ち、国家(中央政府)権力をヴォランタリー・アソシエーションとともに限界づけるものであるとする。したがって地方公共団体の権限・組織・運営については、法律でも規定できない事項が存在することになる。

「地方自治の本旨」の具体的内容は、住民の基本的人権の保障、国民主権に基づく住民自治と団体自治、地方公共団体優先の原則と全権限性の原則、自主財源配分の原則などがあげられる。しかしこれらの議論は、すでに敗戦直後、種々の勧告において問題提起が出されていた。一九四九年九月の「シャウプ勧告」と一九五〇年一二月の地方行政調査委員会議の「行政事務再配分に関する勧告」である。シャウプ・米国コロンビア大学教授を団長とする米国調査団は、日本の税制を調査し、特に中央政府と地方政府の政治の関係を立ち入って検討し、日本の民主化のためには地方自治の強化充実が必要であり、そのためには地方財源を強化しなければならないとする勧告をしたのであった。またシャウプ勧告を受けて制定された地方行政調査委員会議設置法に基づき地方行政調査委員会議が設けられ、「国と地方公共団体との間における事務配分の調整は、その事務の性質上当然国の処理すべき国の存立のために直接必要な事務を除き、地方公共団体内の事務は、できる限り地方公共団体の事務とし、国は、地方公共団体においては有効に処理できない事務だけを行うこととすべきである」と勧告した。この委員会は、一九五一年に第二次勧告を行い、地方税の強化、国庫補助金の縮減、地方債についての許可制の廃止などを勧告している。これらの勧告の方向性の正当性は、一九八五年七月の「ヨーロッパ地方自治憲章」と同年九月の「世界地方自治宣言」（IULA採択）で強烈に裏打ちされている。

ところで、一八八一年（明治四年）八月に、植木枝盛《えもり》は「日本国々憲案」で日本を七〇州からなる連邦国家とすべきこと、連邦は他州からの州の自由独立を主任務とすること、各州は連邦法に抵触しない限り独立自由であること、各州はその権限内で外国と契約をすることができることなどを盛った案を提示していた。また立志社の「日本憲法見込案」（一九八一年九月）は、その第七章を「地方政権」に当てている。これらはアメリカの民主主義や州政府と連邦政府からなる国家の形成の歴史の学習から出ていることが明らかとなっている。

小泉政権は、「官から民へ」と「(地方) 都市再生」というわかりやすい標語で方向性を示した。しかしその背後にある歴史的潮流や理念は、近代的国家のあり方、中央政府と地方政府の関係、国家と社会のあり方、等をめぐって深い問題が横たわっている。この流れを推進する精神に、「人民の、人民による、人民のための政治」(リンカーン) という主権の課題が深く関わっていることは間違いなかろう。

毒樹の果実理論

目的は手段を正当化するか？　あるいは本質に比し、手続きは重要性において劣るか？

アメリカ合衆国のドラマなどで、警察官・捜査官が容疑者を逮捕する時に、「あなたには自分に不利なことを黙秘する権利があり、弁護士に相談する権利がある」ことを告げるシーンが常に出てくる。これはミランダ・ルールと呼ばれる。一九六三年アリゾナ州フェニックスで婦女暴行と誘拐の容疑で逮捕されたエルネスト・ミランダ氏が、前述の権利のあることを知らされず、厳しい追及の末自白し自供調書にも署名したが、法廷でそれは捜査官の暴力的誘導に基づくことを氏の弁護士が主張し本人もその旨を告白した。一九六六年合衆国連邦最高裁はその主張を認め、そうした違法でアンフェアな捜査手続きに基づく証拠は一切採用されるべきでないことを宣言した。このミランダ・ルールは、以降アメリカ捜査当局の遵守《じゅんしゅ》すべき規則また倫理となっている。当初はこうした違法捜査ではかえって真犯人を取り逃がすことになることをその理由にあげる論者も多かったと言われるが、むしろ今日、人権は国家権力を凌駕《りょうが》する、また国家は憲法下で私人以上に法を厳守し、常にフェアであるべきであるとの倫理を根拠にあげることが一般見解である。ピューリタニズムの倫理の面目躍如たるところであろう。まさにこうした弁護人選任権告知義務を怠った場合の証拠排除は、民主主義国家の成熟度の指標である。いわんや官憲の拷問や盗聴、捜査官の偽計によって得られた自白は当然排除されることになっている。違法収集証拠排除の原則、と呼ばれる。

ところで問題は、こうした違法な捜査や被疑者追及によって、間接的に得られた証拠能力はどう扱われるべきかである。たとえば捜査官の拷問によって特定の場所に行った際にそこで発見された重要な証拠の能力の問題である。こうした証拠も排除されるべきであるというのが、「毒樹の果実理論」である。アメリカ合衆国では一九二〇年以来連邦最高裁で確立された。捜査当局は、犯人検挙という秩序回復の目的から通常の手段を超えてアンフェアにして暴力的な行動に出がちである。こうした場合、先般も日本で発生した冤罪《えんざい》など重大な人権侵害が起こる恐れが出てくる。違法な手段を「毒の樹」と呼ぶとすれば、そこから得られた間接証拠を「毒樹の果実」と呼ぶ。毒樹とともに、その樹木の果実もまた徹底的に排除するのでなければ、国家による人権侵害は排除できない。国家の行動手段に人権保護の成否がかかっているとすれば、国家の目的は手段を決して正当化しない。手段という手続きのフェアネスにおいてこそ、目的の本質が正体を現すのである。

ところが近年テロリズムとの戦いにおいて、アメリカ当局は再び種々の大変危険な瀬戸際の捜査を行っていると言われている。テロ抑止という国家目的のためならば、手段や手続きは正当化されるのであろうか。これは正当防衛論で正当化できるのか。正当防衛には種々の厳重な要件がある。緊急性、一過性、手段の抑止性や適正性などである。いずれにせよ、こうしたやり方でテロリズムが有効に根絶できるか否かはともかく、ピューリタン国家、アメリカの倫理的力の真価が問われている。

しかしより深刻なのは日本である。二〇〇六年一二月、教育基本法が多くの識者をはじめとする市民の懸念や反対を押し切る形で国会で「改訂」された。問題はその成立手続きである。教育問題をめぐるタウンミーティングという市民デモクラシーの本来の草の根的合意形成の場において、不当な金銭が配られ、そこは政府の意向を受けた合意形成がなされる場と化した。こうした少なくともアンフェアにして違法な手続きでイメージ的世論形成が積み重ねられ、しかも十分な審議時間のないままに国会で強行採決された「改訂」法とはいったい何であろうか？　タウンミーティングと「改訂」法成立に直接の関係がないとの反論があったとしても、「毒樹の果実理論」によれば、間接的連関は否めず、教育基本法という青少年の人格的成長に重要な規範法となる法の「改訂」手続きに、初めから毒が入ったと批判されても仕方ないであろう。

国家・社会という共同体の形成は、まとめる力への構成員の信頼にかかっている。信頼の成否は、政策目的の内容だけではない。手続きにおいて現れるフェアネスへの信頼なのである。世界共同体においても、諸外国がある国家を信頼に値するか否かを判断するのは、その政策主張ではない。主張における虚偽、禁反言違反（一度言ったことを覆す）、自国にも当てはめて発言しているかなど、手続きや手段における対応において現れるフェアネスの度合いを見ているのである。

生きる厳しさを伝えて

『NEWSLETTER』Vol.10-3, 2000（2000年10月30日）

旧約聖書、士師記一九章に恐るべきエピソードが記されている。あるレビ人が、実家に戻っていた内縁の妻を連れ帰るが、途中ベニヤミンの村で土地の悪い連中に襲われる。しかし実際に集団暴行を受けたのはその内縁の妻であった。復讐《ふくしゅう》の怨念に燃えた彼は、虫の息の彼女を寸断し、イスラエルの全部族にその各一片を送りつける。この悪事の徹底除去に全部族が立ち上がり、ベニヤミン戦争が勃発する。その結果は、双方の兵士約一〇万人の死亡、全部族公認の六〇〇件の集団略奪結婚であった。従来の解釈は、「被害者」のレビ人は真の被害者である婦人がすでに死亡していたので、寸断して悪事の制裁を全部族に求めたとする。しかし近年のリアルな解釈は、このレビ人がまだ息のあった彼女を死なせ、演出を施して全部族を扇動し、間接的にその復讐を遂げたとする。後者を正しいとすれば、応報は被害者を救済よりも死へ追いやり、犯罪の抑止よりも拡大再生産を生むことが示されている。

われわれの心を痛める凄惨《せいさん》な犯罪が、しかも若年層による犯罪が後を絶たない。国民の死刑堅持論も政府の世論調査では約八〇パーセントである。死刑存置の理由は、①犯罪の抑止、②犯罪への応報、③性向改善不能者からの社会防衛の三点にほかならない。しかし、第一に死刑厳守は犯罪の抑止にならない。統計から、死刑を廃止している国の凶悪犯罪発生率が低く、死刑を堅持している国の率が高いという事実が浮かぶ。なぜか。死刑囚の手記から浮かぶのは、死刑のもたらす死への恐怖と同時に、自分の境遇を恨み、自分が「死ぬことを望」んでいたことを自覚していくプロセスである。もともと凶悪犯罪者は、すさみ切った心理の中で自分も周りの者も死へと引き込もうとする「ネクロフィラス（死愛）症候群」にある。深層において死を願う者に、死への恐怖を威嚇力として臨んで凶悪犯罪を抑止できるであろうか。第二に応報であるが、近年、犯罪被害者の遺族が加害者と同じようなネクロフィラス心理状況に陥っていることが報告されている。これは、被害の打撃に加え、検挙最優先の遺族への取調べや、マスコミや周囲のプライバシー侵害行為などによって生じている。遺族にとって返してほしいのは、被害者なのである。死刑が執行される時の虚無感は癒やしがたい。応報は「回復」になっていない。第三に社会防衛であるが、監獄内の環境と仮出獄制度の安易な運用こそ問われなければならない。

カール・バルトは『教会教義学』第Ⅲ巻（創造論）第四分冊に詳細な死刑廃止論を展開している。キリストは誤判による冤罪《えんざい》囚であり、すべての者に代わる死刑囚であった。刑罰が神の業《わざ》の表象であるなら、生を否定する刑罰でなく生を肯定する刑罰を主張する。

二〇〇〇年一〇月時点、ＥＵ加盟条件に死刑廃止が明示されている。社会の成熟状況の指標と見ているのである。鶏が先か卵が先か。いずれにせよ、国家の行動様式は、青少年をはじめ国民の行動様式を規定していく。われわれが犯罪者（犯罪以上に）を憎み応報を優先する時、あの寸断された女性のように、被害者をさらに苦しめていきかねない。われわれの急務は、被害者の死を意味有らしめ、遺族救済を最優先課題として、カウンセリング・ケアと国庫補償の強化はもとより、加害者に対し「生きる厳しさ」を徹底的に教育し、「生の尊厳」から世を去るまで償罪に打ち込ませる、ということになろう。ネクロフィラス症候群をバイオフィラス（生命を愛する）精神に変えることこそ、わが国、わが社会の戦うべき最大課題の一つである。

第Ⅲ章

価値

『紀要』No.32 2004（2005年3月30日）

寛容の根拠

異質な価値観に対しても寛容な「多文化社会」をめざすものでなくてはいけない。これもまた、〈一神教的な〉唯一の正義を振りかざすのではなく、多様性を受容する文化という点においては、日本社会に根付いた〈多神教的な〉価値観を大いに生かすことができる。

（民主党『憲法提言中間報告』二〇〇四年、より）

けれども寛容の原理は、論理的には、相対主義とではなく、人権思想――それは相対主義が証明不可能とする一種の客観的価値観をとるものだ――と結びつくものである。……その際人々は、自己の信仰の正当性に対する信念を放棄することなしに寛容に到り得た。……もっとも自由や人権の名において思想弾圧が合理化されることはあり得る。だがそれはいかなる思想にも多かれ少なかれ免れがたい歪曲現象であり、その是正のためには、不可知論をもってするよりも人間尊重と人権思想の真義をもって対抗する方がより効果的であろう。

（加藤新平『法哲学概論』、有斐閣、一九七六年、五二二頁以下）

右記二つの文献を比べてみてほしい。ある事態に対し、根本的に異なる理解がここにある。二〇〇五年一一月を期して、自由民主党は日本国憲法の根本的改訂案策定へ向けて活発な活動を行っている。しかしその動きを批判し、政権交代を期すべき民主党は、二〇〇四年六月に「創憲」案と称し中間報告をまとめた。前者はその中の一文である。「寛容な多文化社会」は価値多元的であるゆえに、価値相対主義的であろうし、それは当然多神教的価値観から来ると断言する。そこには、多神教的価値観こそ寛容の精神の源であるという前理解がある。しかし本当にそうであろうか。これはまたしても、日本社会に深く根付いた「多神教的価値観」から来る無自覚的偏狭の精神の現れではないであろうか。むしろそこにあるのは、謙虚とは到底言えない、他の異質文化に対する優越感と自己絶対化である。

まずこの中間報告には、現憲法前文に明記されている「政府の行為によって再び戦争の惨禍が起こることのないやうにすることを決意し」という、敗戦体験の総括がまったく見られない。近隣諸国に神社建立を強行し、日本の多神教的価値観を押し付けてきた歴史の総決算がない。多神教的価値観は、神々を相対化する自己を密かに絶対化するのである。その自己絶対化が無自覚の非寛容になることを、民主党でさえいまだに学んでいない。

異質の文化との対話は、まず互いに自己のよって立つ規範を明確に語り合うことから始まる。安易な妥協を排し厳しい対決も起こる。場合によっては悲しい流血さえ起きかねない。しかしその体験をとおして、自らのよって立つ規範から厳しい自己検証が迫られ、またその規範自体の恒常的な厳しい点検が求められる。こうして、いわば自己相対化が迫られることになる。ここに寛容の精神の誕生がある。逆説的ではあるが、多神教的価値相対主義から自己相対化は生まれず、規範に忠実であろうとする精神からかえって自己相対化は生まれる。そして規範に誠実に従う精神が必ず直面する自己相対化こそが真の寛容の精神となり、やがて寛容の社会制度化となる。大木英夫氏は、この筋道を神学の立場から、神学的相対主義として提示した（大木英夫『新しい共同体の倫理学　基礎論　上』、教文館、一九九四年）。また前記のとおり加藤新平氏は法哲学の観点からほぼ同様の論理にたどり着いた。いずれにせよ、寛容を真に会得し少数者の権利を確立したのは、神々を従えて君臨する多神教的自己絶対化の精神ではなく、真摯《しんし》にひとりの神に仕えるためには国をも捨てて新天地に赴く打ち砕かれた精神によってであった。

二〇〇五年は敗戦六〇年である。この貴重な体験を「喉元《のどもと》過ぎた」として風化させ、「人類の多年にわたる自由獲得の成果」（日本国憲法第九七条）の歴史的由来を学ばず、ユダヤ教・キリスト教・イスラム教という世界のほとんどを占める「一神教を奉ずる厳しい真剣な世界」を非寛容文化として安易に排し、多神教的精神を寛容の母として調停役を買って出たとしても、信用もされず問題にもされないであろう。いささか東洋的アナロジーではあるが、六〇年は還暦である。一巡した六〇年を振り返り、貴重な敗戦が真に学ばれたとは言えまい。もう一度初心に帰り、他者を揶揄《やゆ》する前にまず自らを検証し、寛容の制度化の淵源《えんげん》を学び直す必要がある。この学びに立ったときに初めて、自己相対化でなく自己同一的絶対化へ至る諸々の原理主義的ドグマ化精神にも切り込める。当研究所がこの学びの大きな突破口となることを期したい。

教育における相対的価値基準の根本問題

『紀要』No.39 2007（2007年9月28日）

現代日本社会における日常活動を支えるべき人々に、信じられないような初歩的なミスが相次いでいる。そこから重大な事故につながり、惨状を露呈する場合も少なくない。そのほとんどが任務を託された人の不注意、集中力の不足から来ている。なぜ勤労精神にこのような病状が生じているか、経済団体からも教育界に警鐘が鳴らされている。初等教育段階から高等教育段階まで「気合いを入れた」取り組みが急務であるという。しかし問題はそう単純ではない。

日本の教育制度上、偏差値・ヒストグラムが採り入れられたのは、一九七〇年代である。青少年の学力評価の便益を考えてこれらの指標が入ってきた。偏差値は、ある数値が母集団の中でどれくらいの位置にいるかを表した無次元数である。そのデータに応じてさらに柱状グラフをとり、層別管理をしていくものである。しかしこの前提に、母集団とは何かが問われねばならない。それは、ある地域（日本の特定地域）における、ある年代の、ある同じ世代の、ある限られた構成集団にほかならない。したがって、ある若人が同じ学習姿勢により同じ学習達成度を示したとしても、母集団が異なれば当然ながらまったく異なるデータが出るわけである。それはあくまで相対的評価に過ぎないのであるが、各学校から出されてくる偏差値データはあたかも絶対的通用力を持つかのように、一般に受け止められる。ここから次のようなモラル・ハザードが起こってくる。

第一に、本来相対的評価である偏差値が士農工商的な序列で見る人間観を生むことである。人間にレッテルを貼り、硬直化しやすい層別管理で「教育」しようとするのである。一方レッテルを貼られたと信じる構成員間に相互蔑視が生まれ、また自己蔑視が起きやすい風土が生まれるのである。当然ながらモチベーションは大きく低下する。それはまさに管理社会における人間疎外の病理にほかならない。

第二に、偏差値が母集団における相対的評価であることから、母集団の各構成員が自己努力よりも他の構成員の怠慢を望み、さらに母集団全体のモラール低下、レベル低下をひそかにあるいは公然と望む体質が生まれやすいのである。なぜなら、母集団全体がいわばあらゆる意味における精鋭集団であれば、各人のハードルが高くなり、競争が悪い意味でも良い意味でも激化しやすいのであり、それなら母集団はもとより日本全国のモラールが低下してくれたほうが頭角を現しやすいからである。

この第二の問題に気づいておられるひとりが内田樹《たつる》氏である。氏の『下流志向』（講談社、二〇〇七年）は鋭くこの点を衝いている。氏によれば、偏差値は本来母集団の自分の位置確認（ここでも位置とは何かが問われるべきなのであるが）であり、構成員が切磋琢磨《せっさたくま》しやすいものとすること、教育者が学習到達度の把握をしやすくし、教育効果を上げるためのものであったはずであったが、逆に学ぶ者のモラール低下という、逆噴射としてのまさにモラル・ハザードが起きてしまったのであると。

しかし、氏の指摘を超えてこの問題の根は深い。それは価値相対主義の問題である。戦前においては、天皇制・儒教的世界観・富国強兵的国家主義が擬似絶対基準となり、立身出世主義の精神ともあいまって、それなりに構成員の向上心やモラールアップを生んでいた。しかし敗戦後、そうした擬似絶対主義的価値基準は倒壊した。そこで、マイホーム主義に類する閉鎖的小集団において通用する価値が主流となった。それは、その集団においてのみ通用するという意味において相対主義的価値基準に基づく。それこそが日本的偏差値の根底にあるものである。しかもバブル経済崩壊後、高学歴志向に基づく大学全入化などにより、学習努力に投じる精力のコストほど「立身出世」は望めないとすれば、何が起こるか。競争社会の強者に権限濫用が起こると同時に、強者以外の者にモラールの逆噴射が始まる。なぜなら相対主義的価値観とは、以前［前節「寛容の根拠」で］指摘したように、神々を相対化する自己を絶対化する、多神教的自己絶対化であるからである。

ところで閉鎖的母集団の他の構成員がどうであれ、自己に厳しいハードル（目標）を課し、社会貢献のための克己的向上を目指すエートスはどのようにして獲得されるのだろうか。初歩的ミスなど起き得ないような、喜びと誇りを持った責任的労働はどのようにして回復されるのだろうか。まず歴史退行的解決策は成り立ち得ないし、そもそも解決にならない。なぜなら、かつての民族国家主義的価値体系自体、国際通用力を欠くやや大きな「母集団」にほかならないからである。われわれが絶対的価値基準を探究する場合、論理必然的に歴史的普遍性を問うのである。それは単なる普遍性でなく、歴史において全貌を顕していく歴史的普遍性である。歴史的に現れ出てくる人格や人権、デモクラシー、福祉などの価値物をもとに、引き出されていく価値基準である。その意味で、万人に普遍的に通用する価値基準をもとに、固有のオンリーワンにして普遍的価値観が内的にしっかり刻み込まれた各人がその価値基準から示される目標を高く掲げて、それに向かって自発的に向上していくことは、経済界に求められるまでもなく現代社会の急務である。それはまさに教育界の急務でもあると言ってよい。教育者との真理の協働的追究の中で、各人に内的照明がもたらされ、堅固な高い価値基準が形作られていき、各人が他者に奉仕する喜びを知る「人格の完成」(原教育基本法第一条の言葉。現教育基本法では「個人の価値」や「自主的精神」の語が削除されるなど異質の意となった)へと目指す歩みの現出こそ、今日の究極課題の一つであろう。

『紀要』No.43 2008（2009年1月30日）

問われている真の価値

――世界同時不況の遠因となりうる根本問題

グリム童話に「愚か者ハンス」（または「幸運のハンス」とも言われる）という大変興味深い物語がある。鍛冶屋のハンスが病に倒れた母親から帰ってくるように言われ、師匠に暇乞《いとま》いをする。師匠はこれまで忠実に使えてくれたお礼にと金塊を与え、それを担いでハンスは帰郷の途につく。それはとても重く（管理できない？）、ハンスは次々と出会う人とその持ち物を交換してしまう。持ち物の交換価値は下がる一方であり、彼をうまくだまして交換させた人々には笑いが止まらないが、ハンスは交換するたびに、自分ほど幸運な者はいない、と感謝の祈りを捧げる。最後にハンスは重い砥石《といし》を持たされる。母親のいる村外れの井戸にたどり着き、その水を飲もうとかがんだ時、ハンスは背負っていた砥石を井戸に落としてしまう。そこでもハンスはこれで自分の身が軽くなったと、感謝の祈りを捧げる。再会できた母親は一部始終を聞いた後にハンスをじっと見つめ、ハンスが身軽で元気に戻ってきたことを喜び、ふたりは末永く幸せに暮らす、という話である。

ドイツの子どもたちはこの話を聞いて、愚か者ハンスを笑いながらもなぜか後味の良さを感じながら眠りにつくそうである。この話のメタファーは何か？　ハンスは商業世界では決してほめられない愚かさの象徴である。しかしハンスの不思議なさわやかさはあの全財産を捨てて神と人々に献身したアシジのフランチェスコを思わせる。そして母の姿は人が誰しも赴く「永遠の母」の姿と二重に映る。

現在、世界経済は、八〇年前以来と言われる世界同時不況の恐れにおののいている。その原因は何か？　それは人々の将来価値を読み込んだ投資行動の暴走によるのではないだろうか。デリバティブなどの先物商品に将来価値を見込んで価格が実体以上に上昇する。しかし真の価値が疑われた時にそのバブルははじけ、今度は実体価値以下に暴落し、その波及効果が連鎖していく。

実は、バブル崩壊という現象は一六三〇年代のオランダのチューリップ恐慌に始まる(エドワード・チャンセラー『バブルの歴史』、山岡洋一訳、日経BP社、二〇〇〇年)。マックス・ウェーバーの主張を地でいくように、カルヴィニズムの禁欲倫理の徹底的浸透によりオランダ人の所得水準が欧州一位となり、各家庭において余剰資金が蓄積されるようになり、彼らがその備蓄資金の有効活用を考え始めた時に(新約聖書・マタイによる福音書二五章一四節以下とルカによる福音書一九章一一節以下のタラント増殖の教え)、将来価値を見込んだ債権価値のバブル化が入り込み、ここから巨大な世俗化の歯車が回り始める。一七世紀のオランダでは、低地国家を彩るオスマン・トルコ帝国産のチューリップ球根の購入権であった。その権利がいわば「ころがされ」(転売)、付加価値がバブル的に膨らみ始める。しかしある日、人々がその価値の実体を疑い始めた時に、突如その価値がはじけ、今度は実体以下の大暴落となり、その波及効果が連鎖する。

この一連のプロセスをビデオのように再現したのが、一九二九年当時の米国を震源地とする世界同時大不況であった。ピューリタンの禁欲倫理に基づいて発展してきた米国経済の空前の好景気と各市民の余剰預金による株の「思惑」購入が、株の将来価値を見込んだ価値のバブル化を生み、ある折りにその価値が疑われ始めた時にバブルがはじけ、やがて世界的連鎖的大不況となっていく。そしてニューディール政策でも効を奏したといえず、世界大戦を迎え、戦争という悲劇的プロセスによって事態はようやく終息する。

そして今回のサブプライム・ローンの焦げ付きである。これは米国における住宅価格の上昇を前提に証券化市場でのリスク・テイクを見込み信用力の低い借入人に無造作に住宅ローンの提供をし、ここでも債権価値のバブル化が生じ、その真の価値に疑惑が発生したことによってバブルがはじけた結果、現在の深刻な事態になっているのである（倉都康行『投資銀行バブルの終焉』、日経BP社、二〇〇八年）。ちなみに、証券化とは従来利用価値がありながらそれを交換価値に表現できずにいた資産を市場価値で示すという機能であるが、その反面利用価値が乏しいものまでもプライシングという手法により交換価値が生まれてしまう。このさらに深刻な価値化の難点をサブプライム問題は浮き彫りにした（同書）。

いずれにせよこの「繰り返し」をどのように評価すべきか、その原因をどのように把握し、今回の危機をどう乗り超え、再発をどう防止するかである。私たちはまず、その本質に「価値」の問題があることに気づくべきであろう。旧約聖書は、同胞から利息をとることを禁じている（レビ記二五章三六節、申命記二三章一九節、ネヘミヤ記五章一〇節、エゼキエル書二二章一二節等）。それは資金を有体物に変えれば減価償却が始まるが、資金を使わずに預けたままであれば預け料としての金利の発生によって価値が上昇するのはおかしいということである。経過する時間というものはそもそも神の所有に属し、人に属するものでないことを前提にしているからである（コーランも基本的に同じ立場であり、そのことが現在実体経済取引を支えるイスラム金融の評価につながっていると見られる）。しかしイエスは、前述のとおり銀行の利息取りを前提に（マタイ二五章二七節、ルカ一九章二三節）教えを述べている。終わりの時を意識しつつ（持てる者は持たない者のように）、よりダイナミックに価値の有効活用を奨励しているかに見える。経過時間は神のものであるが、神の使命を果たすべく人が使用すべきところのものであると。このダイナミズムの真意をよほど厳粛に理解していないと、時の経過の人間による価値づけをとおして世俗化が入り込み始める。

そもそも将来の時の経過において入り込む将来価値を算定するにあたっては、能力的にも資格の点でも本来人間の入り込めない領域であり、人はそれこそ禁欲的でなくてはならない。この不安定で危険きわまりない現在の経済危機をしのぎ、再発を防止するには、いかなることがあっても戦争や暴力へ向かうことなく、人々が正しい真の価値観を身につけることである。それがどれほど迂遠《うえん》であっても人は価値評価を深く学ぶ必要がある。そして将来価値を算段する前に、実際に汗を流し創造活動につながる労働価値（新約聖書・テサロニケ人への第二の手紙三章一〇節から由来する）を現代的に再認識する必要があろう。

あのハンスは金融世界の常識から逸脱し、自分の現在の利用価値に忠実であった。しかしハンスが通俗的常識に囚《とら》われず、真の人間観と社会観を身につけ、なおその上に立った現実の物や権利の経済価値を正しく洞察し評価する力とその限界知を備えるならば、一般市民レベルにおいて、あの歴史的繰り返しへの大きな抑制力となることができるであろう。

『紀要』No.44 2008（2009年3月30日）

変化とは何か

——激しい社会変動の時代の中で

"That's the promise of America-the idea that we are responsible for ourselves, but that we also rise or fall as one nation; the fundamental belief that I am my brother's keeper; I am my sister・s keeper. That's the promise we need to keep. That's the change we need right now."「それがアメリカの約束です。それは私たちが自分自身に責任を持つと同時に、興隆するにせよ衰退するにせよ一つの同じ国民として行動することであり、国民はお互いを兄弟姉妹のように守り合うという根本的信念です。これこそ私たちが守らねばならない約束であり、今私たちが必要としている変化なのであります」（私訳、二〇〇四年七月二七日、米国民主党基調演説より、バラク・オバマ上院議員）。

"It's been a long time coming, but tonight, because of what we did on this day, in this election, at this defining moment, change has come to America.……Yes we can."「長い時を経て今夜、今回の選挙結果が決定した瞬間、この日私たちが達成したおかげで、アメリカに変化が到来したのです。……そうです、私たちは（変えることが）できるのです」（私訳、二〇〇八年一一月四日、米国大統領選挙勝利演説より、バラク・オバマ大統領候補）。

"We remain a young nation, but in the words of Scripture, the time has come to set aside childish things. The time has come to reaffirm our enduring spirit; to choose our better history; to carry forward that precious gift, that noble idea, passed on from generation to generation: the God-given promise that all are equal, all are free, and all deserve a chance to pursue their full measure of happiness."「わが国はまだ若い国ですが、聖書の言葉によれば、『未熟な行為を止める時が来た』のです。私たちの揺るがぬ精

神を再確認する時代が到来したのです。私たちのより良い歴史を選び取り、これまで世代を超えて受け継がれてきた貴重な贈り物、すなわち高貴な理念を伝えていくのです。それは神から与えられた約束、すなわちすべての人は平等で、自由で、そして幸福を十分に追求できる機会を持つに値するということなのです」（私訳、二〇〇九年一月二〇日、大統領就任演説より、バラク・オバマ米国第四四代大統領）。

"Yes, we can change." バラク・オバマ大統領は、この度の大統領選挙演説およびその勝利演説で繰り返し力説する。新大統領の演説のキーワードは、チェンジ「変化」ということである。日本でも社会は激しい変化の激流に揉《も》まれている。激しく変化する社会では、変わろうとしない構成員は取り残されていく。本来、社会を正しく変えていくためには、変えようとする者自身がまず変わらなければならない。しかし変化の中で翻弄《ほんろう》される者は、誰しもその「変化」自体を歓迎する気持ちがあっても、不安に満たされる。しかし変化とはそもそも一体何であろうか。

"Let the wicked leave their way of life and change their way of thinking. Let them turn to the Lord, our God; he is merciful and quick to forgive."（Isaiah 55:7）「悪しき者はその道を捨て、正しからぬ人はその思いを捨てて、主に帰れ。そうすれば、主は彼にあわれみを施される。われわれの神に帰れ、主は豊かにゆるしを与えられる」（イザヤ書五五章七節、日本聖書協会、口語訳）。

米国でよく読まれているＴＥＶ版［Today's English Version］英語聖書で「変化」という場合、特に旧約聖書の預言書においては、神の心の不変性と人間の立ち帰る（ヘブライ語でシューブ）べきこと（変化）が呼びかけられている。イスラエルの預言者は、社会がいかに変動しようと神の不変の人間救済の意志を訴えるとともに、人間のその意志のもとへの立ち帰りへと変わるべきことを訴える。すなわち人間の回心こそが、「変化」'change'の本来の趣旨である。オバマ大統領の就任演説に'change'という語が多く現れ出ているが、それは明らかにこうした宗教的背景を前提にしている。わが国ではまったく触れられていないが、大統領演説の「変化」は、いわば「思いつきから来る新奇さ」への変容を意味していない。まさに立ち帰りなのである。ではどこに立ち帰るのか。それは、巡礼始祖'Pilgrim Fathers'以来、自由と責任の心を持って豊かな社会を築いてきた良き歴史に立ち帰る'change'なのである。

大統領はこう呼びかける。先物取引の濫用に端を発した金融危機と深刻な経済不況は、一部の人間の「未熟な行為」'childish things'（新約聖書・コリント人への第一の手紙一三章一一節）から来ている、それゆえ私たちは成熟した揺るがぬ精神を取り戻し、「より良い歴史を選び取り、これまで世代を超えて受け継がれてきた貴重な贈り物、すなわち高貴な理念を伝えていく」のであると（大統領就任演説より）、強調する。

揺るがぬ成熟した精神への変革は、アメリカ史の中のより良い部分を選び取り、そこに立つことから来る。しかし注意すべきは短絡的に世界の各国史にその「良い部分」が見出されるとは限らないことである。私たち日本社会に当てはめた場合、単に日本伝統に立ち帰ることで大統領演説を学んだことにはならない。この新大統領の精神は、伝統の中にいたずらに立ち帰る固陋《ころう》な保守主義ではなく、歴史無視の新奇な精神を採用する軽薄な進歩思想でもない。そうした二項対立を超えた歴史の中に潜む「普遍的価値」の探究がある。各国史を超えた普遍性の精神の解明こそがこの思想を解く鍵となる。

「世代を超えて受け継がれてきた貴重な贈り物……高貴な理念……それは神から与えられた約束、すなわちすべての人（注・アメリカ人だけではない）は平等で、自由で、そして幸福を十分に追求できる機会を持つに値するということなのです」（大統領就任演説より）。

第Ⅳ章

人権

還暦を迎えた世界人権宣言

『紀要』No.40 2007（2008年2月29日）

二〇〇八年一二月一〇日で世界人権宣言 'Universal Declaration of Human Rights' が六〇周年を迎える。この宣言はエレノア・ルーズヴェルト米国前大統領（当時）夫人の強い指導により、カナダの国際法学者ジョン・ハンフリーによって構想され、それをもとにフランス人ルネ・カサンによって起草された。ハンフリーたちは、「一二一五年のマグナカルタ、一六八九年の権利章典（イギリス）、一七八九年の人および市民の権利宣言（フランス）、一七八七年アメリカ合衆国憲法、一七九一年の権利章典（フランス）が参照された」と証言されている。また提案にあたっては、組織としてユネスコ、米国法律家協会、ユダヤ系米国人会議、女性労働組合連合、米州法曹協会などが含まれ、個人としてはH・G・ウェルズ、H・ローターパクト、E・H・カー、ハロルド・ラスキらが関わったと言われている（ヒラリー・プール編『ハンドブック世界の人権』、梅田徹訳、明石書店、二〇〇一年。Hilary Poole, *Human Rights: The Essential Reference*, Oryx Press, 1999. 参照）。この宣言は大部分の国連加盟国が承認したが、東欧六カ国、南アフリカおよびサウジアラビアが棄権した。棄権国から逆に、この宣言の明確な思想的主張を感受できる。さてこの宣言は「すべての人民とすべての国家とが達成すべき共通の基準として」公布されたものであるから、直接の法的拘束力は持たないが、後に条約化した形でこの内容を実効あらしめんとされた。すなわち 'International Covenant on Economic, Social and Cultural Rights'（A社会権規約）と 'International Covenant on Civil and Political Rights'（B自由権規約）と議定書からなる国際人権規約が採択され、一九七六年に発効した。'Covenant' という、通常何らかの重要な実行行為が伴うコモンロー上の用語が使用されたことが注目される。この規約の発効により、現代の各人権擁護運動の普遍的基礎づけが確立されたと言えよう。

ところでこの世界人権宣言は、世界に先駆けて日本にとって特別な歴史的意味を持っている。なぜなら、日本国とのサンフランシスコ平和条約の中で世界人権宣言が明文で言及されているからである（一九五二年）。すなわちその前文で「日本国としては、国際連合への加盟を申請し且つあらゆる場合に国際連合憲章の原則を遵《じゅん》守《しゅ》し、**世界人権宣言の目的を実現するために努力し**（太字筆者）、……安定及び福祉の条件を日本国内に創造するために努力し……宣言する」と書かれている。一国の再出発に際し、世界人権宣言を遵守することを世界に条約で約束した例は他にない。日本国は、この宣言に同意し主体的に実行する誓約のもとに、賠償金なしという世界史的に稀有な条件で敗戦国としての状態を脱することができたのである。その意味で敗戦後の新生日本国は「普通の国家」ではなく、世界人権宣言の目的を実現するために努めるという、特別の国家的国民的使命を誠実に果たすことを世界に約束した「特別の国家」である。

　日本国が世界へ仲間入りのできた恩義のある世界人権宣言は、東洋的に言えば、今年［二〇〇八年］還暦を迎える。またこの宣言は権利の自然法的由来を語ると同時に、その歴史性を語る。すなわち日本国憲法第九七条が「人類の多年にわたる自由獲得の努力の成果」と過去から現在への流れをとらえる一方、この宣言前文は

"the advent of a world in which human beings shall enjoy freedom of speech and belief and freedom from fear and want has been proclaimed as the highest aspiration of the common people"「人類が言論と信教の自由、恐怖と欠乏からの自由を享受できる世界の到来が、一般の人々の最高の願いとして宣言された」と、悲惨な現在から将来への展望を語る。この正しい歴史的把握こそ、激動の風雪の中にありながらも還暦を迎えるに至っている、世界人権宣言への恩返しと言わねばなるまい。宣言の前文最後に、"shall strive by teaching and education to promote respect for these rights and freedoms"「これらの権利と自由の尊重を促進する教育と育成に努める」ことこそが加盟国およびその人々に期待されていると、書かれている。日本国およびその市民、そして特に教育機関は、この義務達成に誠実でなくてはならない。

『紀要』No.41 2007（2008年3月29日）

一般裁判員制度導入に必須の前提
——主権と人権の接合点に関連して

主権と人権という「権」の字を共有する類似語がある。しかしこの両者はある意味で対極的概念である。前者は「主権力」'supremacy, sovereignty or sovereign power'の略字であり、後者は「人の権利」'human rights'の略字である。要するに'power'と'right'の違いである。人権は主権を抑制することによって保障されることが近代憲法の大原則である。しかし主権と人権が「権」の字を共有する漢字文化圏の知恵に少しでも学ぶ意味があるとすれば、主権と人権の両者に本当に接合点がないのであろうか（「権」とは元来人々の議論のさまを表す旁《つくり》を含んだ形声文字である）。

ゲオルク・イェリネックは、個人の国家に対する公権の体系として、消極的関係（自由権）・積極的関係（請願権、後に社会権が位置づく）・能動的関係（参政権）・受動的関係（義務）を構想し、今日に事実上引き継がれている。消極的関係としての自由権が個人の国家から介入を受けない権利であることや、積極的関係としての社会権が個人の健康で文化的な最低限度の生活保障を国家に要求する権利であるのと対照的に、能動的関係とは個人が逆に国家を基本的に基礎づけ、形成していく権利である。一方、現代憲法の多くは主権が国民主権であるとされるが、近現代国家において国家権力が究極において国民（歴史的に正確には'people'としての「人民」）に帰属することを示す。この点で、国民主権と個人の国家への能動的関係において主権と人権が結びつく。

ところで、個人の国家への能動的関係は通常、具体的には参政権を指すとされる。しかしそれは参政権だけに限られないと考えられる。納税義務はかつてイェリネックが考えたように、個人の国家への義務として受動的関係だけでとらえられるものであろうか。むしろ現代社会においては、納税行為は本来「国民としての個人」の国家への能動的関係に属する事柄であるととらえるべきではないであろうか。税務政策に、「国民である個人」は自立した市民として、より能動的に提言すべきであろうし、税の国家による使われ方に異議申立権や状況によっては差止権までも与えられることが将来考えられる（カリフォルニア州の住民投票の例）。かつてミルトンは『教育論』（一六四四年）において、人民の帝王学というテーゼを展開した。すなわち人民の帝王学としてのデモクラシー教育である。個人の国家への能動的関係事項は、十分な帝王学の素養がなければ、その政治参加は表見的デモクラシーとして、国家権力に好都合に利用されるだけである。

さらに司法判断も本来、個人の国家への能動的関係に属すべき事柄であろう。二〇〇九年五月二一日を期して施行される、凶悪犯罪に限って国民の一般裁判員制度参加（これは陪審制ではなく、参審制とみなされるが）が始まる。しかし司法判断は、「疑わしきは被告人の利益に」などの被告人・被疑者の人権保護原則（その前提での被害者の人権保護）、強制自白証拠など違法収集証拠の疑いのあるものの排除、伝聞証拠の排除、誘導尋問の禁止などの裁判の諸原則は、本来旧約聖書の律法に規定される人間の原罪への強い警戒感に基づく。それは人間の原罪との厳しい取り組みからもたらされた貴重な歴史的遺産なのである。これら堅実な人間観と厳しい自己抑制的フェアルールなどのマスターが一般裁判員に要求されるはずである。これらの素養を身につける教育は、あの人民の帝王学あるいは国民の主権者学に基づく重要な前提である。もしこれらの前提があやふやなまま制度の実行が行われるならば、権力のイニシアティブによる世論誘導に悪用されるだけであろう。さらにこの一般裁判員制度が、いわゆる凶悪犯罪にのみ適用される点を考察するならば、一般裁判員にしばしば「死刑判断」に直面させることを意味するであろう。死刑制度禁止国に限り加入を認めるＥＵ諸国の人権政策上の判断の当否はここでは措《お》く（民族対立を抱えるトルコ共和国はこの点で苦悩している）。また凶悪犯罪が残存するので死刑制度は必要悪なのか、死刑という国家公認の「理由ある殺人」が命の価値に係わって凶悪犯罪多発の深層原因なのか（死刑願望からの凶悪犯罪発生との関係も真剣に考えられねばならない）、鶏が先か卵が先か、その点もここでは即断を避ける。しかしいずれにせよ、重大な法的判断は未体験である国民を、凶悪犯罪の残忍性に直面して人権擁護との関係でなお責任的に冷静な判断をすることと、死刑是認判断という体験に安易に触れさせることは、大変危険なことと言わざるをえない。歴史的大局的観点から将来の展開予想を鳥瞰《ちょうかん》するならば、参審制はもちろん、陪審制が国民・市民の国家への能動的参加に即してふさわしいであろう。しかしそれは十分な教育と準備を要求する。国民が主権者として十分な基礎知識とセンスを身につけられるよう、教育を受けられなければならない。これらの教育課題に各高等教育機関は応えなければならない。また国民としての個人が国家の営みへ能動的に参加できる権利の行使が実質的に十分できるように、国家に要求しうるようにしなければならない。それらが十分保障されないまま新制度へと拙速されるならば、それは国民主権の行使でも人権の積極的主張でもなく、いわば外科手術に要求される専門判断を未体験の非専門家に委ね、かつ執刀させることを意味するからである。

『紀要』No.42 2008（2008年8月30日）

自由競争の前提となる公正競争の確保

――「市場」独占抑制のための課題

冷戦崩壊後、人権・自由・デモクラシーという人類共同体形成必須の「価値」が歴史的に明確になった。しかし人権・自由・デモクラシーの内実化が課題となっている。ところで日本に限らず、あらゆる社会の領域で自由市場競争の徹底化が進められている。そのことで、社会の活性化が担保されるという。しかし自由競争は、公正競争が前提となっているはずであり、またいわゆる「敗者」復活の可能性が保障されなければならない。そのことで長期にわたる社会の努力競争や創意工夫競争が促進され、世代を超えた社会発展が期待されるのである。しかし現実には、一世代の「勝者」は、その勝利を固定化し、世代を超えてその有利な立場を継承しようとする。また組織の「勝者」は、その勝利を種々のシステムを通じて確保し続けると同時に、「敗者」を呑《の》み込んでいき、巨大化かつ独占化をしていこうとする。こうして自由競争は短期間に限られることになり、「勝者」と「敗者」が固定されて両者の格差が是正されることなく拡大し、あるいは「敗者」が消滅し「勝者」が肥大化していく。すなわち自由の精神でスタートした市場競争が、一度限りの「決着」によって競争の舞台たる市場独占化をもたらし、やがて競争自体が停止し、市場自体が独占組織の「鉄の檻《おり》」に入れられ、結局自由な経済活動が死滅していくという自己矛盾である。

近年種々の社会活動領域で、自由市場競争への掛け声と裏腹に、競争阻害的動きが「強者」の側に見られる。競争者同士の種々の協定の試み（カルテル的効果）、また競争の「勝者」または「強者」による競争相手の吸収の動き（トラスト的効果）、そしてついに巨大な有機体を目指し、国家権力から交渉パートナーの一つと認知されるまでに至る（コンツェルン的効果）プロセスが各方面で見られるのではないか。これらはいずれも競争を阻害し、市場独占が形成されていくプロセスである。このことは自由競争をきっかけとした競争阻害の典型的結末であり、日本社会の将来に暗い影を投げかけている。これは高等教育機関においても例外ではない。

市場独占を抑制し、公正競争を長期にわたって保障するためには、規制緩和時代においても持続すべき、一定の法的規制が必要である。それは国家の必要性からでなく、「一時的敗者」の復活の可能性を保障するシステムづくりを目指した、生存権的人権（日本国憲法第二五条）の観点からのアプローチである。人類史において自由競争市場の確立に最も貢献してきたアメリカ合衆国における一九世紀後半、独占市場が顕著に形成され、自由放任経済政策が逆に自由競争を阻害するという事態を招き、シャーマン法（一八九〇年制定）やクレイトン法（一九一四年制定）などの連邦反トラスト法が制定された。またさらに国連アナン前事務総長がスイス・ダボスの世界経済フォーラム（本学の速水《はやみ》優《まさる》全学教授が当時日本銀行総裁として出席）においてグローバル・コンパクトを提唱した。これは、多国籍企業に各国の人権保障・労働条件の世界的最低基準遵守《じゅんしゅ》・自然環境保護を誓約させ、世界的に広がるグローバル企業の肥大化・独占化を警戒した観点からなされたことにほかならない（もっともこの構想は多国籍企業の「善意」に依存し、肝心の公正競争阻害抑制の政策がはなはだ不明確であり、実効性に大きな疑問が残されたと思う）。以前

「グローバリゼーションの両義性」［本書第Ⅰ章〇頁］で申し述べたように「情報グローバリゼーション」とは異なる「経済グローバリゼーション」の問題点とは、このような自由市場が世界的に確立された時代における次の段階で、まさに競争阻害的動きが顕著となり、世界各地、特に開発途上国におけるローカルな地域で数多くの「敗者」や「被吸収者」を生み出している危機状況にほかならない。そのことが世界各地における経済拡大化への動きと並行して、人心の虚無化の諸現象を生み出していると言わざるをえない。

二〇〇八年六月、秋葉原で無差別通り魔殺人事件が発生した。伝えられるところでは、加害者には、人格的コミュニケーションの欠乏と競争社会の「敗者」の固定に対する絶望が強かったと見られる。多くの悲惨な被害に対する加害者の責任には弁解の余地はない。しかし死刑願望を抱いて凶行に走る近年の諸事件は今回の加害者の心理を含めこの不気味な社会的病状について、当総合研究所をはじめ日本の関係研究機関は、その深因を人間学・社会学・経済学そして神学を含め、あらゆる知の観点から解明していく責任があり、この克服の道筋を示す責任がある。「鉄の檻」に閉じ込められた「負け組」の増大化。日本社会における経済力の疲弊化の問題と並行して、この社会の公正競争阻害の現実化は、深刻な局面にまで来ている。

『紀要』No.46 2009 (2010年1月30日)

今日における平等の課題
——ロールズの『正義論』との関連で

モーセは彼らに言った、「これは主があなたがたの食物として賜わるパンである。主が命じられるのはこうである、『あなたがたは、おのおのその食べるところに従ってそれを集め、あなたがたの人数に従って、ひとりに一オメルずつ、おのおのその天幕におるもののためにそれを取りなさい』と」。イスラエルの人々はそのようにして、ある者は多く、ある者は少なく集めた。しかし、オメルでそれを計ってみると、多く集めた者にも余らず、少なく集めた者にも不足しなかった。……モーセは彼らに言った、「だれも朝までそれを残しておいてはならない」。しかし彼らはモーセに聞き従わないで、ある者は朝までそれを残しておいたが、虫がついて臭くなった。モーセは彼らにむかって怒《いか》った。

（旧約聖書・出エジプト記一六章一五〜二〇節、口語訳）

エジプトの奴隷状態から礼拝の自由を求めてシオンの地を目指して進むイスラエルの民に、モーセが神の命を取り次ぐのは、天来のパンであるマナのことである。マナは、生きとし生けるすべてのイスラエルの民が生きる糧として、分け隔てなく天より与えられる糧である。それは多く集めた者の分も、少なくしか集められなかった人の分も結果として等しくなり、ひそかに備蓄しようとした者のマナは腐敗したのである。人が生きるに不可欠な糧は、人の働きに比例せず、天より平等に与えられたのである。これを人の平等なる生存権の原型と考えることはできないであろうか。

現代において自由を奨励し、自由競争社会化を図ることにより、予定調和的に人々は活気を持って働き、社会の精神においても、経済においても、人類共同体発展に拍車がかかるはずであった。しかし現実はまったくそうなっていない。自由競争市場において一時的勝者がその「暫定勝利」を固定化しようとして、さまざまな競争阻害的行動に出ることと他者に迷惑を与えかねない不要な独占的備蓄が、一時的敗者の立ち直りと再チャレンジという自由社会の本来の自由の機能を殺す役割を持っているのである。以前「自由競争の前提となる公正競争の確保」［前節］で述べたように、自由の精神でスタートした市場競争が一度限りの「決着」によって競争の舞台たる市場独占化をもたらし、やがて競争自体が停止し、市場自体が独占組織の「鉄の檻《おり》」に入れられ、結局自由な経済活動が死滅していくという自己矛盾であり、このことについてアメリカ合衆国では初期資本主義興隆の段階ですでに気づかれていた。すなわちシャーマン法（一八九〇年）やクレイトン法（一九一四年）などの連邦反トラスト法が制定されたのである。考察するに、自由の中枢に人間の罪が巣食うゆえに、自由を生かすためには、自由の放任ではなく、独占を抑止し自由が生きるようなある種の規制が必要なはずである。また自由を補完するもう一つの観点が要請されるであろう。それが今日における平等という観点である。

さて、今日もどこかの鉄道駅で「人身事故によるダイヤの乱れ」がアナウンスされているかもしれない。それは知る人ぞ知る自死によるものであり、わが国における年間三万二千人以上もの自死者の現出はまさに異常事態である。湯浅誠氏は、今

「自己責任論」の名のもとに社会から段階的に排除され、最終的に自分自身からも排除されていき（自死へ）、社会が見捨てていく貧困層が急速に肥大化していると警鐘を鳴らしている（聖学院大学シンポジウムを基とした『湯浅誠が語る「現代の貧困」』、新泉社、二〇〇九年より）。こうした一時的でない「敗者」にはもはや日本社会で居場所がないのであろうか。自由の活性化市場に自らの生を適合できなかった者には、生きる権利がないのだろうか。「生きとし生ける者」の等しく（平等に）持つ天賦の生きる権利「生存権」は、法の下の平等という形式的権利よりも実質化されることを保証する権利概念であろう。この平等なる生存権の実現は、官民協力し合うべき福祉社会によって達成されよう。福祉は、自由の放任からは出てこない概念であり、自由の成熟によりその本来の目的が明らかにされた時に現れる概念である。福祉は、自由とは別に、また自由を補完するものとして、一定の格差を認めながらも究極において平等を目指していくものである。

ところで、ジョン・ロールズの『正義論』は、現代社会でますます妥当性を有すると思われる。それは、まさにこの自由と平等の現代的関係を考察する思想が提示されているからである。ロールズは、社会契約説の論理を現代の正義論として装いも新たに復活させようと試み、原初状態において自由かつ合理的判断を下しうる人々が合意するであろう二つの正義の原理をあげた。その第一原理として「各人は他者の同様な自由と両立しうるかぎりにおいて基本的自由を最大限保証される（自由の原理）」とし、第二原理として「社会的・経済的不平等が許されるのは次の二条件を満たすかぎりであり、それはその不平等が最も不遇な立場の者の利益を最大にし（格差原理）、その不平等が公正な機会均等の条件下ですべての者に開かれている地位や職務に付随したものである（機会均等原理）かぎりである」こととした。ロールズは、所有や契約に基づく経済的社会的活動を社会が積極的に導入すれば、必ず一定の格差の発生を認めざるをえないことを前提に、そのやむをえない格差が社会福祉の充実につながっていく社会を目指している、と言えるのである。これはGNPに象徴されるような国家全体の豊かさを目指す政策よりも、社会的なミニマム（社会的経済的生活水準の最低レベル）を引き上げる政策を優先する価値判断を正当化することになる（内井惣七「ロールズ――平等と公平な格差」、寺崎峻輔ほか編『正義論の諸相』、法律文化社、一九八九年）。

ロールズの論を敷衍《ふえん》する限り、すべての者が自由権とともに生まれながらの生存権を持つことが確認され、社会参加の機会均等（それは一回だけの競争参加ではなく、繰り返し再挑戦できる競争参加を意味する）が保証されるだけでなく、結果としての格差についても最も不遇な者が最大に配慮される社会、福祉社会を目指すことになる。機会均等という自由競争が結果としてもたらした再挑戦を不可能にするほどの結果としての格差の現実、これを、究極において目指される平等という問題意識から抑制して、万人の生まれながらの生存権を守ること。これが今日、平等という観点が要請されるゆえんである。

人間の「いのちの尊厳」理念の確立を目指す

『紀要』No.57 2013（2014年3月31日）

二〇一三年六月二九日、本学で開催された「日本精神保健福祉士養成校協会全国研修会」において開催校を代表して開会挨拶をさせていただいた。

全国研修会会場として本学諸施設を利用いただいたことは、本学の光栄の至りである。特に精神保健福祉士制度は、日本精神保健福祉士協会の方々のご貢献とともに、本学で足跡を残された柏木昭総合研究所名誉教授が尽力され成立した制度であり、本学としても感慨深い。

当日、会場となった本学の聖学院教会チャペルにお集まりの方々にまず、チャペルの天蓋《てんがい》をご覧いただいた。天蓋にはへこみがあるのだが、その形は、設計者香山《こうやま》壽夫《ひさお》先生が祈りを込めて構想された「ノアの方舟」を象徴している。「たとえチャペル外で嵐が吹き荒れても、このチャペル内にいるすべての方々は、性別・人種・職種・信条・信仰その他の違いを超えてともに助け合う、同じファミリーの乗組員なのである」と。また、私はしばしば学生たちを激励して天蓋を示し、「たとえこのチャペル内を消灯しても、天蓋をとおして外から明るい光が入る、私たちがどれほど厳しい中に置かれても現実世界は決して閉塞されていない、必ず光とともに外から突破口がある」、と話していることを述べた。

本学は巷間《こうかん》、「面倒見の良い大学・入って伸びる大学」として多少知られているが、先日ある会合で、「『面倒見の良さ』とは具体的に何ですか」との本質的質問があり、私は次のように答えた。新約聖書・マタイによる福音書七章一二節に、「あなたのしてほしいと思うことを人にもせよ」との趣旨の言葉がある。この私のしてほしいこととは、他者介入への「依存」ではなく、また自己責任という名の周りからの「突き離し」でもなく、「自立支援」である。その「自立支援」こそ、面倒見の本質であると答えた。またそれは福祉の究極的本質でもあると確信している。そして「自立」した学生が「入って大いに伸びる」。しかし今私は振り返って、この私自身の答えには一つの課題が残されていると自覚する。それは自立が保障される種々の前提である。

私は人権論を研究課題としているが、人権については「権利の上に眠る者は法の保護を受けず」という有名な法諺《ほうげん》（ルドルフ・フォン・イェーリング『権利のための闘争［*Der Kampf ums Recht*］』、一八七二年、参照）がある。つまり権利を主張しない者を、まさに自己責任論により法は保護しないという近代法の大原則が語られている。しかしここには、人は誰でも権利を主張できるはずだという古典的人間観が前提されており、またその延長上にあの「自己責任論」という法治国家の不作為免罪論が控えている。私は、今、この暗黙の前提たる人間観が根本的に問われるべき時代が来ていると思う。この意味で、精神保健福祉士の役割はポストモダン時代も睨みつつ現代的急務であると言えよう。

私は、人権という概念とは別に、「いのちの尊厳」という概念を構想すべき時であると思う。それは、自分の権利を十分主張できない存在の中核にある「いのち」を周りも守るべきである、というものである。一例として、日本で毎年ほぼ三万人と言われる自死問題がある。一般に言われることと異なり、私は、現代の自死者は強者とは思わない。生きる力がフェイドアウトしていくようにいのちが危機にさらされることがこの問題の本質である。自死の瀬戸際にある方に向かって、「あなたは生きよ。生きる責任がある。生きる義務を果たさない者は周りから見捨てられ、社会的制裁を受けて当然だ」と言うようなことで解決するであろうか。このような規範的圧力で、人は発奮して立ち上がるものであろうか。

自死問題に限らず、精神保健福祉士は、まさにこのような現代の多様なチャレンジドの方々、そして現代の潜在的に数えきれないであろうボーダー者（「チャレンジドかそうでないかの境界線上にある人」の意で用いた）の方々の「いのちの尊厳」を守り、彼らのための「アドボカシー」（権利表明困難者のための権利代弁）の実行も期待されるフォアランナー（先駆者）である。この精神保健福祉士らの支援で、周りからも自分の「いのちの尊厳が守られている」という主観的自覚が前提され、さらに国家や社会からも「いのちの尊厳」を守る種々の客観的諸制度が確立される前提（日本国憲法第二五条の生存権保障）において、人は自立努力ができるようになるのである。

精神保健福祉士についてもまた、制度上自己努力・自己責任のみが強調されるものであってはならない。あまりに多くの課題を抱えておられるであろう精神保健福祉士やその志願者の方々も、おそらく疲れを覚えておられ、壁に当たって苦しんでおられることであろう。この人たちのために、ガイダンスや支援が必要であり、それが「養成」の意味するところのはずである。精神保健福祉士「養成」制度の根本課題と具体的諸課題の前進を期待する。
以上のことを挨拶において述べさせていただいた。

現代において、古典的人間観に基づく「自己責任論」を前提としたイェーリング・テーゼ（すなわち権利の上に「眠る」者を法は保護せずという意。すなわち闘争しない人間は人権を生かせないことになる）では、メンタルケア・介護・福祉・保育・教育などの根本使命は見えてこない。ドイツ連邦共和国基本法第一条に規定されている「人間の尊厳」概念を再認識し、特に「いのちの尊厳」理念の確立へ向かって、当研究所の真理追究は続く。

第Ⅴ章
教育

情報とは何か
――インフォーメイションと「アウトフォーメイション」

『紀要』No.45 2009（2009年9月30日）

夏目漱石の『夢十夜』という小説の中の第六夜に不思議な記述がある。主人公が夢で、東京・護国寺の山門で運慶が仁王を彫っていると聞き見に行く。そこで運慶のよどみない見事な彫りさばきに主人公が思わずうなると、野次馬の車夫が「あれは鑿《のみ》や槌《つち》で顔をつくっているのではなく、木の中に既に仁王が埋まっているので、簡単に彫り出せる」と言う。そこで主人公は家に帰り、家にある木を次々と彫るが何も出て来ない。そこで「明治の木にはとうてい仁王は埋まっていないと悟った。それで運慶が今日まで生きている理由も分かった」という主人公の言葉で閉じられる。目に見える木という現実の表層の奥底に「仁王」という目に見えなくとも或《あ》るものが存在することの指摘と、そのことをとらえられない時代の問題性を、漱石は指摘している。そしてこの解釈を敷衍《ふえん》すれば、「仁王」に象徴されるヴィジョンや情報こそは、後来する現実現象を生み出すことに繋《つな》がる。

ところで'virtual reality'という言葉があり、日本では「仮想現実」と訳される。しかしvirtualの語源は「美徳」を意味するvirtueであり、「実質的には存在するもの」（ラテン語のvirtusは実力の意）が本来の意味である。ところが日本では「目に見えないものが存在するはずがない」という先入観からか、虚構なるものと訳されるようになったと考えられる。しかしおよそ存在するものの奥底には、あの仁王のようなvirtual reality「実質的には存在するもの」があり、存在するもののすべては運慶のような人物に彫り出されるのを待っている。invisibleではあるがfictionalでなく、virtualに存在するreality。物事の奥底には、ちょうどタイタニック号を沈めた氷山のように目に見える海面上の山よりもはるかに巨大な存在が潜んでいて、現実に目に見える現象となって現れてくる。見える現実とは、豊穣《ほうじょう》なる可能体の或る一部分が現れてくるものであろう。逆に、巨大な可能体がまずあって、その一部が氷山の一角のように回転しながら海上に「現実」となって現れてくると見るべきである。この事実が電子化社会の到来とともに、新しい装いとともに現れる。virtual reality というプログラムに従って構成された「現実」を表すコンピュータは、この「実質的には存在するもの」の reality を教える。

このことは教育に当てはまる。「教育する」educate は引き出す意である。優れた彫刻家が木から仁王を掘り出すように、教育者は明確な教育理念のもと、有益な可能体を学ぶ者が自ら形成していくことへ導く。教育者には具体的教育イメージが見えていなければならない。ところで、最近まで日本の教育は、基本的にあたかもコンピュータに猛烈に情報をインプットするシステムであったと言えよう。ある日コンピュータの容量を超える情報過多で、作業効率が低下した、そして今度は情報を急速に廃棄し、基本ソフトのいくつかまで初期化してしまい、コンピュータがうまく動かなくなった、このような蛇行をしているのが現代教育政策かもしれない。大切なことは、何よりもあの「木」自身に考える力と必要な情報を選び取る力を育むことである。木自身が成長するために必須の情報は、明確な理念と規範である。これこそ情報の本質である。

二〇〇八年、当総合研究所国際金融研究会が講師としてお招きした、読売新聞社東京本社・老川祥一社長［当時。現読売新聞グループ本社取締役最高顧問兼主筆代理］は、「情報」について多角的観点から示唆に富んだ話をされた。ところが講演後の一般質問は、ほとんど将来予測に関する見解を社長に問うものばかりであり、社長は苦笑しておられた。そもそも情報とは、このような固形的現象の断片資料ではあるまい。「情報」の英語は'information'である。それは情報に接する者の「内的」'in'「形成」'formation'をもたらすものである。そして内的に形成された思想・理念・価値が、やがて外的形成をもたらすようになるものであろう。それはあの漱石の「第六夜」の構造そのものである。その意味で、'information'は'out-formation'（新造語）へ展開する。凶暴な'information'は恐ろしい現実をもたらし、建設的'information'はいかに困難の多い現実の中でも突破口を切り開いて次世代の社会の基礎を形成する。重要なことは、現実に氾濫する情報の価値を正しく識別し、人間存在や歴史の中に隠されている仁王像という真の'information'を正しく洞察する鑑識眼である。それが良き社会建設という'out-formation'を生み出すのである。

なぜ日本にキリスト教大学が必要なのか？

『紀要』No.47 2009（2010年3月30日）

宮沢賢治の『注文の多い料理店』は示唆に富んだ作品である。山奥の高級レストランに迷い込んだ二人の紳士が食事を注文する前に、料理店から逆に種々多くの注文を受ける。作法に気をつけ、身じまいをただし、体に魅力的な化粧を施していく。しかし実は最後に、それらはお客が逆に店に蝕《むしば》まれようとするプロセスであったことが判明し、二人はあわや命拾いするというメタファーに富んだ物語である。現代人も、種々厳しく学び受験に備え、体を鍛えて魅力的になろうとし、各種の教養を身につけ、資格さえ取って、少しでも有利な就職をかち得て、人生を充実させようとする。しかし結果としては逆にその学びの体系自体が何物かの歯車か道具として、収奪される対象になるプロセスになっているなどということはないであろうか。それはまさに「注文の多い料理店」として、ある機構がそれ自体の期待する「人材」養成の料理機となり、人間収奪の巨大な組織になっていることはないであろうか。日本において大学はこのような組織体から免れているだろうか。そもそも代表的な現代的機構である大学とは何か。大学とはそもそもどのような機構なのであろうか。

人類史上、最初の学校の起源は、小学校でも幼稚園でもなく大学である。人間はなぜ大学を持とうとするのだろうか。カール・ヤスパースは人類がなぜ大学を求めるかの理由について、人間は生活で知りうる個別知識の断片に満足できず、個別知識のカテゴリー化・体系化を目指す本性を持っているからだと言う（森昭訳『大学の理念』、理想社、一九五五年）。そしてヤスパースはさらに大学の理念を展開するが、論旨は、人類の根源的知識欲が自らを展開・実現する場所としての大学を求める、ことである。そして大学は特定の集団から自由になっているべきであり、国家からも教会（国家教会）からも独立の位置にいなければならないことを指摘する。国家と大学との分離である。ヤスパースは特にこの点を強調する。国家も真理への純粋な奉仕により、自ら利益を受けることを知っているので、大学を持とうとする。

しかしその場合でも、国家は大学への財政援助をしつつも、自らの権力を大学に対して振るうことは許されないとし、いわば国立でありながら独立行政機関としての大学形態を考える。ヤスパースの言に従えば、もし国家が期待する人間を育成するために大学を設置しコントロールし続けるならば、それはもはや大学の名に値しない、官吏養成学校となる。今日の日本の独立行政法人大学構想は、明らかにこのヤスパースの論に影響を受けていると思われるが、日本においてこの独立行政法人が国家からどの程度「独立」性を保持できているかはここでは立ち入らない。しかしこのヤスパースの考えをさらに進めるならば、大学は本来私学であるべきことになるであろう。ヤスパースがそこまで立ち至れなかったのは、彼自身が論を展開しているとおり、大学には本来膨大な研究費がかかるものであり、そのためには国家が大学に対し献身的な研究助成をなすものであることが前提にあって、彼は民間が完全に財的に保証できる大学を期待できなかったと見られる。このヤスパースの考え方は人類の内在的な知的欲求に基礎を置く大学論であり、いわば「下からの大学」論を展開したのである。

ところで、中世欧州のボローニャ大学以来の教育は、いわば修道院教育の発展であり、神学部・法学部・医学部の三学部の統合体として、国家と教会とが一体となったコルプス・クリスティアーヌム（キリスト教文化共同体）へ奉仕するものとして、建てられてきたものである。したがってそれは、「『上』からの大学」構想であったと言える（この場合の「上」とは国家宗教組織としての教会である）。その後欧州では、啓蒙主義の影響の下、修道院教育以来の予科としての自由教養科'liberal arts'が発展・肥大化して哲学部となり、伝統的三学部を圧倒するようになり、'Ph. D.'（哲学博士）の由来となる。こうして前述の「下からの大学」へ逆転していく。さらにこの哲学部が分岐し、また伝統的三学部の法学部から経済学部が独立していく。こうしてさらに、工学部（欧米では本来の大学学部になじみにくく、通常'university'の傘下に位置づけるよりは'institute'として本来の大学学部とは異質の存在として発展し今日に至っている）などの新しい学部が増えてきて、現代日本では従来考えられなかったような名を持つ学部や学科が次々生まれるに至っている。

しかし堅牢《けんろう》な「鉄の檻《おり》」（M・ウェーバー）の中に置かれても、人類は常に人間世界を超越した世界から呼びかける啓示を知る。その啓示により、人間や社会は知的活動において理性を時には批判し、理性を超える「意味」を知るのである。現在、クローン技術などの医の倫理問題において問われる事柄である。そこでは'science'の暴走を抑制する'con-science'（良心。con「共に」science「知る」ものの存在）の役割が期待されることになる。望まれるのは、科学と良心・倫理が拮抗《きっこう》しつつ、発展していく知的形態なのである。科学は価値に関わる良心から「自由」であろうとする傾向を持つが、少なくとも人類の歴史において現れていく文化価値の存在は否定できない。人格、人権、自由、福祉、いのちなどの文化価値物は歴史的所産であり、科学もそれを無視することはできない。良心は、人類が内在性を超えて来る問いかけに応えて数々の文化価値の産物を生んでいく歴史へ導く。また良心は、そのような文化価値と関係しつつ人間の判断の場においてさらにダイナミックに機能していく。人類は、内在的理性の範囲内に留まって閉塞的に考察していく知的営みではなく、啓示の存在を承認し啓示から来る問いかけに応えるべく良心をもって思索する知的空間を、究極において求める。それは、「上から来るメッセージに下から応え、また下から問いかけていこうとする大学」、「上からと下からとが触発する大学」を求めていくことになる。これは日本においても決して例外ではない。

大学が、国家や国家宗教組織や経済界の部分組織として、「学び人」に対する「注文の多い料理店」でなく、逆に「学び人」にいのちの水と糧を与え、啓示が反映する良心に導かれて（自己）批判的かつ創造的に真摯《しんし》に思索する理性の空間を築こうとするとき、それは国家などから独立した真のキリスト教大学を目指すことになる。

『紀要』No.49 2010（2011年1月31日）

日本を真に元気にする施策とは

──大器晩成時代を迎えて

先日、大学責任者の集まるある会合で、政府高官が「日本を元気にする施策」と題して、国費をかけたエリート育成や、日本の大学生のうちＬＤ（Learning Disabilities 学習障がい）が四パーセント超という現状を近隣アジア諸国並みに一パーセント台に抑え込むこと等を発題された。特にエリート育成の話題では、日本が現在世界に通用する数少ない例としてＷＢＣ（World Baseball Classic）で二度優勝したプロ野球をあげられ、イチロー選手や松坂投手のような世界に通用するエリートを大学は育成すべきであり、国家はそれを支援すると述べられた。また続いて立たれた経済団体の指導者のお一人が、「日本の大卒者の人間形成の成熟度、基礎知識、教養、実務能力、人間関係力等の驚くべき低さ」を訴えられ、いずれもそれらは高等教育機関の奮起にかかっていると指摘された。また、このままでは、産業界は留学生の雇用に大幅に踏み切らざるをえず、それは一つの国難であるとして警告された。私は挙手して次のように意見を述べた。

政府高官に対しては、第二回ＷＢＣではイチロー選手は決勝戦まで不調であったはずであり、それを控え選手らが懸命に激励したことが実を結んだはずであり、また松坂選手も謙虚な態度に終始し、他の選手の活躍を指摘していたことを述べた。すなわち、日本のチームの強さは協力体制をしっかり維持できる時にこそ発揮されるのであって、どの分野であれ少数エリートを育てることに政策が偏るべきでないことを指摘した。次にＬＤの率を下げることが使命であるというのは理解できない。なぜならばＬＤの比率はいわば公表の「正直さ」の比率である可能性が高く、ありのままの人間の現実と向き合うことが大切であって、いわゆるＬＤという'Challenge'は人間存在の大なり小なり与えられている課題ではないだろうか、と指摘した。そして「日本を元気に『する』施策」ではなく、「結果として日本に住むすべての人々が元気に『なる』施策」こそ、急務ではないかと述べた。「結果として元気になる」とは、人間としての尊厳が立てられ、生きる力がみなぎることを意味する。

経済界の代表者のお一人に対しては、若者に対する敬意を、より払ってほしいと述べ、日本人の平均寿命の延長がその成熟曲線をなだらかにしていることを洞察すべきである。それは、私たちがいわば大器晩成時代へ入ってきていることを確認すべきこと、それは人間の成熟を忍耐と愛情をもって待つべきことを要求する。各産業界がその待つことに耐えられないほど経済的余裕がないかもしれないことは理解するものの、われわれの世代が大卒時代に成熟度においてすでに「完成」していたならばともかく、「促成栽培」を蛮行してしまうならば、それは人間性の破壊になりかねないと述べた。

お二人からは明確な反論がなく、会議終了後感謝された。その態度には一応恐縮したが、日本の危機はむしろこのような考え方が支配的になっていくことであると感じた次第である。これから大変な時代へ入っていくと予感される。それは経済的困難でも、雇用問題における至難さでもなく、困難に対処する精神の問題である。それは分かち合うこと、助け合うことにおいて発揮される「成熟」した精神ではなく、国際競争に勝利するためと称して「落伍《らくご》」者を見捨てていく切り捨て社会への順応という「未熟」な精神の深刻な問題である。それが日本の指導層を支配しつつある。当研究所はこうした日本の精神の根本問題と取り組んでいきたい。

現代における時間の質

『紀要』No.52 2011（2012年2月28日）

日本の中世文学でしばしば登場する言葉に、「懈怠（けだい）」と「懶惰（らんだ）」がある。懈怠とは「今日やるべきことを明日に延ばすこと」であり、懶惰とは「今日ではなく明日やるべきことを今日やってしまうこと」である。この両者は、怠慢な時の過ごし方である。

一方、現代ドイツ児童文学の名作に、ミヒャエル・エンデの『モモ』がある。あらすじは次のとおりである。大昔の円形劇場跡に住む、みすぼらしい身なりの女の子モモには不思議な力があった。悩みのある人は、モモに話を聞いてもらうだけで気分が良くなりトラブルも解決していく（現代カウンセリングの役割？）。子どもたちはモモの近くにいるだけで楽しい遊びを考え出し、いつまでも楽しい充実時間を過ごせた。しかしその頃大都会では灰色の服を着た謎の男たちが現れ、巧妙な仕方で人々に働きかけ始めた。人々は「時間がない、時間がない」と口々に言い始め、この灰色の男たちに時間を盗まれていく。しかしこれら灰色の時間泥棒たちも、無心に遊ぶ子どもたちには手が出せず、時間を盗めない。真実を知ったモモは、すべての人々の時間を取り戻すため孤独な戦いを始める。

昨今、学生たちの学ぶ時間の確保を大学に義務づける動きが政府筋の諮問会議から聞こえてくるが、「時間」というものの本質を見誤っているとしか思えない。時間は量的に長くも短くもなるが、質的に充実もし、容易に空虚にもなる性質を持つ。本質的課題は若人、否大人たち全員が率先して密度の濃い時間をいかにして持てるか対策を考察することであろう。

時間泥棒も無心で遊びに打ち込み時間の経過を忘れる小さな子どもたちには手が出せないと、この書は語る。「管理社会」から派遣される時間泥棒は、忙しい（心を亡くす）大人たちにはつけ入れても、無心（邪《よこしま》な心が無い）子どもたちにはつけ入れない。なぜなら無心とは、感謝しエンジョイできる生を過ごす人間存在から生まれるからである。

中世日本文学者たちも現代の教育政策者たちに次のように言うのではないか。「今という時間を大切に充実させよ。今日取り組むべき課題を明日に延ばしてはならない、なぜなら今という時間を貧しくさせることであるから。また明日以降取り組むべき課題を今日取り組んではならない。なぜなら今という本質時間に異質な空虚時間を混入させることは一種の逃避であり、形式時間に時間そのものが変質してしまうからだ」と。近現代社会では、通常「懈怠」の克服は意識されてきたと言える。しかしもう一つの時間の課題である「懶惰」の克服をも意識し、現代人は、今日なすべき「時間の充実」すなわち聖書が語る「神の義と神の国を求める」時間の追究に取り組まねばならない。さらに時間の質の問題は、倫理の領域においても次のとおり重い課題を喚起する。

山上の垂訓〔新約聖書・マタイによる福音書五〜七章〕の教えを基礎に打ち立てた倫理は主観的であり、近代化にあたっては文化価値を土台とした客観的倫理が要請されると一部で言われてきたが、ここにはそこに潜む重大な問題性が示唆されている。客観的目標到達型の生においては、しばしば今という時間が希薄化する傾向があるということである。今日というかけがえのない時間が、保証のない明日の奴隷になってしまう問題なのである。そして現代人が目標を目指して何かに没頭していく際に、忘れられてはならない時間、あるいは生きるべき時間が先延ばしになっていく危機である。私たちは、あの中世文学者やモモとともに、充実時間の回復を目指さねばならない。私たちが生きる時間の質の問題は、アウグスティヌスも苦闘した課題である。

最後に、現代人に「充実時間」を与えることを目指すとしても、そのためには他動的に考察させても解決にはならないことを指摘しておきたい。その考察する側自身が、「充実時間」を満喫していなければならないであろう。あまりに多忙な（心を亡くしすぎる）存在からは、「充実時間」を学ぶ存在は生まれ得ないからである。本質的でない業務に束縛された現代の多忙の問題、それこそ克服されるべき「懶惰」の病状であり、この解明も当研究所の追究課題である。

大学の使命
――一律秋入学論争と中教審答申の問題性を受け止める

『紀要』No.53 2011（2012年3月30日）

現在、東京大学の発信を嚆矢《こうし》とする大学の一律秋入学提案と中央教育審議会（以下、中教審。代表的私学の指導者が座長を務められる）答申に盛り込まれた大学生の予習復習時間のチェックの義務化提言（これに助成金の報償的多寡を絡ませようとする文部科学省の動きが加わる）などが、日本社会に対してかまびすしい議論を呼び起こしている。いったいこれらの論議の背景にあるものは何か。

はじめの一律秋入学提案は、国内外の留学促進を目指した教育研究グローバル化と、日本の高校までの卒業月が変わらないことを前提とする「ギャップ・ターム」の高校卒業生の活用奨励を軸としているように思われる。しかし本学はすでに二〇年近く前に、海外の大学との教育・研究交流促進のため、通年制からセメスター制への変革と年二回の卒・入学式を実施してきた。それは、学びの期間の一律化を避けて学ぶ者の選択の幅を広げることを目指したものであり、今般の一律秋入学提言の趣旨とは似て非なるものである。自動車の右側通行が大多数の世界標準になっているからと言って、英国などと同様にユーラシア大陸に陸続きとなっていない日本が強引に右側通行へ変えたとして、グローバル化に寄与するか。事故を増やすだけではないだろうか。ちなみに、海外の多くの国の学期開始時期が秋に始まる背景に教会暦があることや、日本社会において春学期に収斂《しゅうれん》して行った背景に稲作時期をにらんだ会計年度に合致させる背景があったこと（各国で会計年度と学期年度には連動性がある）などは、ここでは論評を差し控える。しかし一律秋入学を強行する場合には、調整検討されるべきあまりに多くの難問が控えていることを指摘したい。

また「ギャップ・ターム」の使い道の一環で高校生に自由選択権を与えると称して、半年の六カ月の語学留学や被災地などへのボランティア活動の教育的意義が大きいと言ってみたとして、実効性があるであろうか。海外にはずさんな教育サービスを持つだけの語学校がある。またボランティア組織でも高校生に危険な労働を課す信頼のおけない団体もある。やはり保証できる機関に身を寄せなくては、教育的プログラムとして問題であろう（いったんそれぞれの大学に入学して、その大学に関係のある海外の語学校での学びやボランティア機関での奉仕が実のある体験となろう。その間の授業料の減免なども意味を持とう）。

今回の国立大学側の提言の狙いは、またしても世界の大学の順位において日本の各大学が「名誉ある地位を占める」挑戦にあると言われる。しかしそれだけではなかろう。その狙いに、しばしば大学改革の障害となりうる教授会構成員の主張を相対化しつつ教育論議をするために、グローバルな舞台設定をしようとしたことも加えられると見られる。しかし仮にそうだとしても、やはりその最大の影響を受けるのは高校生・大学生である。大学の制度改革は、あくまで学生の目線に立って切り込まれねばならない。今後仮に一律秋入学制が採用されるとしたら、本学は九月入学のほか、学生の学びの選択幅の維持のため新たな意味をこめて四月入学制度も堅持するであろう。

もう一つ、学生の受講時間に匹敵する予習・復習の事実上の義務化と大学側のチェック義務化の問題であるが、中教審の時間の把握に深刻な疑問を持つ。あくまでの答申の目的が学生の学びの力の向上にあるとするなら、一定時間の学びを義務づけて学力向上を図ろうとするこの提言は本末転倒も甚だしい論議である。本質は授業向上、学びの問題意識の向上にあるはずである。学生の学ぶ力が向上するのは、集中的考察時間、意欲を伴う情熱時間へ学生が没入することによる。形式的に課題に向き合う時間を強要して質時間へ入っていくであろうか。「大学の使命」「前節」の繰り返しになるが、ミヒャエル・エンデの『モモ』に登場する組織に属するセールスマンである「時間泥棒」も無心に遊ぶ子どもの「時間」は奪えない。「時間泥棒」の天敵は「無心に感動し楽しむような時間の持ち方」なのである。大学に限らず、今私たち日本社会にとって大切なことは、私たちが真に「充実時間」を持ち直すことであって、政財界などに見え隠れする「時間泥棒」が供与する「形式時間」ではない。

では学生に「充実時間」を与えるためにはどうしたらよいか。それは、教授する側に研究・教育準備段階での「充実時間」が堪能されていることである。ここが問題の本質のはずである。ここがしっかり取り組まれると、「時間の量」の課題も含め、結果は後からついてくるのである。時宜をとらえた問題意識に満ちた講義、教員と学生とがともに真理を目指して、互いの面子《めんつ》を超え、心を開き合って、真に対話する授業（巷間《こうかん》評価の高いサンデル教授の授業はこの点が弱い。受講生の意見を聞き取って教授が少しも持論を変えることのない対話は、真の対話と言えるであろうか）の確立こそ急務であろう。ここから学生の密度の濃い予習復習が生まれ、「グローバル人材」も育ってくるのである。

第Ⅵ章

社会形成

もとへ戻りそこに留まれるか？

『紀要』No.36 2006（2006年12月20日）

芥川龍之介に『トロッコ』という短編がある。一人の少年が車夫にいざなわれてトロッコを後ろから押していく。日が陰り少年の心には次第に暗い予感が湧き始めるが、車夫を乗せて押し続ける。すっかり暮れた頃、車夫は少年に「もう帰っていい」と言う。そう言われてもここはすでに家から遠く離れた山奥である。少年は涙もぬぐわず線路を逆に一目散に走り、真夜中に家にたどり着き両親の懐で泣き伏す。現在この主人公は東京で働いているが、今も夕暮れになるとこのエピソードを思い出すとして終わる。この小編は鋭く暗示的な内容を含んでいる。特に三点を指摘したい。

第一にこの物語は、トロッコの車夫のような少年をいざない利用し、帰ることが困難な所へ連れて行く恐ろしい力がこの世に存在することを伝えていることである。それは人間の根源的不安の原体験であろう。しかしそれは単に鋭敏な文学者の感受性がとらえる何かを超えて、存在する強力な世界的潮流が表現されているのであろう。確かにこの作品が発表された大正一一年（一九二二年）、日本は中国やロシアとの戦争に勝ち、国家意識は高揚していたが、社会変動は激しく、このトロッコ少年が育った地方にも近代化の波が押し寄せていたことがわかる。まさにトロッコの敷設という近代化が押し寄せていることが、この物語のきっかけになっている。江戸時代の封建体制が古き良き時代であり、トロッコ少年には懐かしいふるさとであったとすれば、アメリカのペリー提督による黒船の到来によって日本は激しい世界的渦に巻き込まれた不安が語られている。

第二に、怖い所まで来てしまったところから、少年は一目散にふるさとへ駆け戻るのであるが、「もとの所へ戻る」ということがもう一つのテーマである。この意識は今も日本人の深層意識の中にある。帰巣本能、伝統回帰の動きは、日本国家全体が「トロッコ不安」というべき事態に陥るときには、必ず現れる傾向であろう。

現在わが国において、新しい政権［第一次安倍内閣］が困難な船出をしようとしている。しかしこの政権の特徴は、幾人かの新大臣の発言を聞く限り、「もとの美しい日本へ戻る」ことがキーワードのようである。教育・宗教の分野に限定しても、首相自身の憲法改正と教育基本法の抜本的改訂への全力投入発言、靖国神社参拝尊重発言（外交的には明確にしていないが）、また三世代家族の同居を家庭の理想とする発言、また、文部科学大臣による「恥の文化」重視発言や小学校段階での英語教育の否定的見解（この点は関係学会でも賛否両論あるが）、さらに法務大臣による「個人優先の風潮是正」発言等々である。

ところであの小説の結末で、トロッコ少年は懐かしいふるさとへ無事戻ったが、その後妻子とともに東京へ出て出版社に勤め校正の仕事をしていることになっている。したがって第三の点は、暗示的なことながら、結局この少年もふるさとには留まらなかった（否、留まれなかった）という点である。東京とは、もろもろの世界情勢やグローバリゼーションの潮流の影響をもろに受ける象徴的場である。

大木英夫本研究所長［当時］は、民主化・工業化・都市化・情報化という四要素を持つ社会変動の歴史的不可避性を指摘している。この社会変動にはさまざまの諸力が同居している。この社会変動に便乗して、人間疎外を撒《ま》き散らす諸力も存在すれば、この社会変動を深層において動かし、人間の権利と福祉社会という新しい秩序づくりへの産みの苦しみを担う形成力も存在する。トロッコ少年の課題は、車夫の引力に引きずられない批判力を持つ価値判断基準と、生き抜かねばならない都会という新しいグローバル社会において新しい社会の担い手となるエートスとを、身につけることであろう。それは「美しい日本へ戻っていく精神」でなく、「美しいグローバル社会を日本において形成していく精神」を身につけ、不可避な歴史的方向へ進んでいくことである。この課題に応えない限り、日本はかつてのように国際社会の中でますます地盤沈下していく恐れがある。日本の国際連合常任理事国入りが支持を集めず、韓国の外交通商部長官が圧倒的歓迎の中で次期国連事務総長に内定した昨今の事態は、まさに予兆である。為政者の歴史観の謙虚な再検討を期待したい。なぜならば、ここ数年の日本国家、日本社会の舵取りを誤れば、これからのわが国の歴史展開にとって取り返しのつかない事態を招きかねないからである。

　海図と羅針盤がなければ、航海は不安であり、もとの港へ戻るほうが安心である。しかしそのような甘えが許されない現実ならば、航海中であっても船長と航海士はしっかりした海図と羅針盤を手に入れ、確認し学ぶ必要がある。当研究所は、日本のこれからの海図と羅針盤を歴史大・世界大の視野によりあらゆる角度から本格的に追究し組み立て、少しでも社会および国家に提言していく所存である。

大震災を問う

『紀要』No.50 2010（2011年3月30日）

それは突然襲ってきた。二〇一一年三月一一日（金）午後二時四六分、震源は三陸沖、牡鹿《おじか》半島の東南東一三〇キロメートル付近、深さ二四キロメートル、マグニチュード九・〇という途方もない観測史上最大級の地震が東日本を中心に日本全国を震わせた。南北約四〇〇キロメートル、東西約二〇〇キロメートルもの断層が破壊された。直ちに津波警報が出されたが、その三〇～四〇分後、潮位三～九・三メートルの巨大津波（未確認目撃証言によれば最高約一五メートル）が東北地方の太平洋側沿岸部を中心に襲ってきた。津波は時速約三〇キロメートルという自動車並みの速度で遠浅の沿岸部の広い範囲を覆い尽くして行った（最大遡上《そじょう》高は四〇・

五メートル)。そしてとどめの来襲は、翌日の三月一二日(土)午後三時三六分、福島第一原子力発電所第一号機が津波の被害を受けた後、水素爆発を起こした。三月一四日(月)には第三号機の爆発が続く。この大震災により、下から地震が、横から津波が、上から放射能禍が襲ってきて、人間存在の基が震わされているのである。死者はすでに数千人に達し、行方不明者を含めると約二万人にのぼる。電気等エネルギー資源、衣食住等に関わる生活必需物資、これらが被災地において絶対的に不足している。

いったいこの大震災の正体は何であろうか。私たちはこの大震災を問わざるをえない。この大震災につながる過去とのつながり、この大震災が現在私たちに与える意味、そしてこの大震災に私たちが将来に向けてどのように関わればよいかの課題、これらを問わざるをえない。本紀要巻頭言では、しばらくこの問いを連続して追究してみたい。

まず、今回の大震災直後、某自治体の首長が、後日一部修正したが、「この大震災は、我欲を追求してきた現代日本人への天罰である」と言われた。私たちはこのような深刻な災いと出会う度に、「因果関係」を考える傾向がある。新約聖書・ヨハネによる福音書九章一～三節によれば、弟子たちがある人を見て、その人が生まれつき目の不自由なのは本人が罪を犯したからか、その両親が罪を犯したからかをイエス・キリストに問う。イエスは「本人が罪を犯したからでも両親が罪を犯したからでもない」と答え、「ただ神のみわざが、その人の上に現れるためである」と言った。

そもそも人間がゆえなく苦難や災難を受ける理由や意味に、古来の哲学・宗教は取り組んできた。J・ボウカーによれば、その意味づけはおよそ四つの類型に分類されるという（『苦難の意味』、脇本平也監訳、教文館、一九八二年）。第一の類型は、苦難に忍従しつつ受容するものである。インド哲学を含む東洋的思索が代表的であるとされる。第二の類型は、苦難が生じる社会的構造原因に対して反抗することに意味を見出すものであるとされる。マルクス主義がその典型であるとともにイスラムの思潮の一部にもあり、この根源に苦難と構造悪との関係を認識するヘブライズムがあると考えられる。第三の類型は、苦難を因果応報でとらえ、そこには何らかの人間側の「罪責」が起因しているとする。因果応報説は一種の合理化説であり、新約聖書のエピソードにあるように「生まれつきの苦難」のような合理化になじみにくい場合、「前世」を仮説前提することがよく行われる。この因果応報説は、苦難に耐える納得となるとともに、「罪責」を防ごうとする人間の倫理を引き出すとする。この因果応報説は、イエスに問うた弟子たちの言動に見られるように、ヘレニズムを含め世界に普遍的に見出される考えである。旧約聖書でも箴言《しんげん》やヨブ記の「三人のヨブの友人たち」の言動を中心に見出される。第四の類型は、苦難とは人間にとって教育であるとする考え方である。苦難に耐えること自体に意味があることになる。仏典や旧新約聖書やコーランに見出される。旧約聖書ではヨブ記の「エリフ」の言説や伝道の書〔新共同訳聖書では、コヘレトの言葉〕、新約聖書ではヘブル人への手紙に見出される考え方である。思想史上、苦難を考察する思索が深まる時、あるいは一段高く登る時に、しばしば見出される考え方である。この考え方は、苦難を受けている存在自体が自ら開眼した思索として妥当性があるが、安全な所にいる他者が説明しようとする場合、苦しむ者にさらに大変な苦しみを増し加えるものであることを忘れてはならないであろう。これらの苦難に関わる歴史的考察からすれば、「天罰」発言がいかに軽率なまでに通俗的発言であり、不適切どころか、被災地の方々の苦しみを増すものであったか、明らかであろう。

ところで、イエス・キリストの苦難に対する姿勢は上記のどの類型にも当てはまらない。それは人間の罪責と苦難との因果応報の連鎖を断ち切り、自ら「ゆえなくして」十字架にかかることで、苦難にある人々と苦難を受けることを共有し、「新しい『わざ』を始めること」に身を捧げていく生き方である。それは苦難を避けることのできないものとして受け止めつつ、むしろ苦難を積極的に受け止めることによって、新しい地平を啓《ひら》くことに身を捧げていくことなのである。罪責の存在を認めないのではない。人間の一般的罪責から生ずる人間存在への苦難の関係を否定するのでもない。苦難を受ける人の固有の罪責との因果を否定し、むしろ苦難を受けることを共有することで、人間を罪責から解放しようとするのである。

現在、大震災を受けている人々と受けていないご本人との「隔たり」を強調されたうえで、なしうることを探究し呼びかけられる良心的思索者がおられる。しかし私たちは、「隔たり」の自覚よりも、この未曾有の大震災をともに「ゆえなく」共有し、被災地と被災地以外の地の人々の間の共同性を見出し、苦難そのものを「分かち合う」協働性に献身していくことが、今まさに急務であり、問われているのではないか。苦難の分かち合いから、新しい社会形成という「みわざ」の地平の分かち合いの重要性が、大震災において私たちへ示唆されているのではないだろうか。

東日本大震災を問い、その背後にあるものを問おうとする私たちこそ、実は逆に問われている。

『紀要』No.51 2011（2012年1月30日）

新しい日本社会の再建

——二度目の敗戦体験としての大震災を正面から受け止めて

過去を記憶しないものは、これをふたたび経験するように運命づけられている。

（ジョージ・サンタヤナ）

日本には再建という大きな希望が残されている。そして全世界の人々が私たちに注目している。

（加賀乙彦）

どうしても必要に迫られて東日本大震災直後の被災写真をインターネット上で取り込んだところ、よく見たらそれは一九四五年八月の広島・長崎の原爆投下直後の写真であったり、同年の三月一〇日の東京大空襲後の写真であったりすることがあった。それらは水害の有無を除いて酷似している写真であるが、これは大変暗示的なことである。なぜなら、それは今回の大震災が日本国家にとって、二度目の敗戦であることを示唆しているからではないだろうか。しかしいったい日本国家の何が敗れたのであろうか。

二〇一一年、三月一一日の二カ月前、全国のある大学責任者の会で、私学の教育責任という趣旨で、政財界の代表者の方々の発題があった。その趣旨は次のとおりである。日本は強き国を目指し、そのために限られた財源の集中的教育投資によって、世界に冠たる地位を占めるべしとの内容であった。端的に「『強い』若者を集中して育てよ。LD（Learning Disabilities 学習障がい）青年など『弱い』若者を退けよ」ということであった。これは日本が歴史的に繰り返してきた「強者の国、日本。アジアと世界に冠たる日本」の「復旧」論なのである。ちなみに、「復旧」は、二〇〇一年九月一一日後にも現れかけた考えであり（グラウンド・ゼロ地に世界貿易センターと同形のものを復旧しようというブッシュ政権の試み。アメリカ市民の反対で断念）、一九四五年八月一五日以降にも度々現れた動きであり（敗戦がもともとなかったように明治維新以来の日本の形へ元に戻すという動き)、古くはイエス・キリストの十字架の死が単なる一時的意識不明であるとして「復活」を理解しようとした一部の教派の考えなど、すべてに通じるものであろう。

しかしこの日本的伝統への「復旧」は、現代社会における人間論および教育論の根本に触れる問題であり、聞き捨てにできない発言と判断し、私は真剣な問いかけをした。その結果は事実上並行線であったが、その二カ月後にあの大震災は起きた。

今回の大震災は、「大震災を問う」[前節]で述べたとおり、決して「天罰」ではないが、日本が繰り返し歴史的にたどってきた道の第二の挫折をもたらしたものと受け止めるべきである。そうであってこそ、命を捧げられた一万数千人の方々の心を受け止めることになると信ずる。今私たちにとって被災からの復興が急務であるが、それは建物の復興に留まるものであってはならないであろう。それは新しい精神の復興、その上に立った新しい国づくり、社会形成の建設でなくてはならない。そして多くの傷(特に心の傷)を負った方々の立ち直りの支援と並行するものでなくてはならない。ここに大学が日本社会に貢献してゆける使命共同体としての役割がある。

これらの再建をとおして、私たちは次のことの大切さを学んでいくであろう。

これからの日本社会は、「強者」（それが本当の強者か否かはともかく）のみが中心的役割を果たし、国際競争に勝利するために「落伍《らくご》」者を顧みようとしない国家や社会のあり方ではなく、国家・社会の構成員がグローバルな規模で互いに苦難を分かち合い、助け合うことにおいて発揮される「成熟」した精神と諸政策を基礎とする歩みをこそ、礎とすべきことを。

大震災後の日本社会の再建における根本課題

『紀要』No.54 2012（2013年2月20日）

大震災後の日本社会の再建は、決して建物の復旧に終始するものではない。社会再建の根本思想、本質的見通しの推敲《すいこう》こそがまず問われねばならない。

ところで、現在、『日本でいちばん大切にしたい会社1〜3』（坂本光司著、あさ出版、二〇〇八〜一一年）が広く読まれている。この書は、会社の究極の目的が需要者を幸せにする（満足させるのではなく）ところにあり、需要者を幸せにするのは直接需要者に触れる人々、すなわち被雇用者を生かし幸せにするところにかかっていることを強調している。身体的・知的にチャレンジを与えられている人々が被雇用者の半数以上を占める会社や、世界の難民援助において忘れられがちなニーズに応えている会社や、依頼なくして大震災によるご遺体を丁重に葬る仕事を積極的に引き受けている会社など、通常の会社経営で要求される採算を超える「或《あ》る価値」に気づいている会社が紹介されている。これらの会社を紹介しているこの書は、しばらく前までもてはやされていた競争社会のもたらしたものが結局格差社会であったことへの反省を促す役割を果たすものである。この書の問題提起は、おそらく著者の本来の意図を超えて、次のとおり大きな意義を示している。

第一の意義としては、具体的医療現場ですでに常識になっている'Informed Consent'も、大学教育において受講した学生によってなされる授業評価も、筆者も関わっている荒川区民による区行政の幸福度指標到達調査も、すべて同じ本質から発する事柄であるということである。それは産業で言えば供給サイド、すなわち「上（権威）からの目線で」アプローチする職務のあり方ではなく、需要サイド、すなわち「下からのニーズに応えて」アプローチする、あるいは上と下とのニーズの相互認識によってアプローチする職務遂行のあり方なのである。

第二の意義としては、仮に需要サイドからのアプローチが大切であるとしても、供給サイドにおける現場担当側の滅私奉公を意味しないということである。現場担当が需要サイドからの観点の重要性を十分認識し、職務遂行の意味把握と使命感、達成感と充実感を得ることなくしては、前述の第一の意義の真の達成はできないであろう。

第三の意義としては、東日本大震災後の日本の再建にあたり、単なるＧＤＰの回復の線で考えるべき時代ではないということである。立ち止まって思索を深める時である。現在の日本社会は、景気が不振であり、雇用状況が厳しく、すべてが経済問題に還元されるかのような世相である。また大震災後、痛めつけられた日本国家のプライドを堅持して強い姿勢をとることこそ、求められている時代であろう。この背後には、冷戦が終結して世界の外交上の力関係に明らかに構造変化があり、また日本社会の営みにおけるあらゆる面にわたり費用対効果の質的変化があり、人件費と職務遂行コストに対する再評価が必要な時代である。あたかも日本の国家・社会の力量が昭和五〇年頃の第二次オイルショック以前に戻ろうとするかのような時代の逆回転が起きている。第一次産業構造から第二次産業構造への転換の時代が過ぎようとしており、今や正確な意味での第三次産業構造への転換を自覚すべき時が来ていると思われる。それはサービス産業という語を超えて、真に「サービス（奉仕）」の意味に応えられる産業組織の登場こそが期待されるであろう。また現象的人間、指示待ち人間であって機能型タイプではなく（それは人間でなくとも達成できるであろうし、そのような役割なら早晩ロボット等に代わられていくであろう）、真に意味を考え続け、需要サイドの痛みへの感受性が豊かで、己の利害を超えて行動できる人間の出現が待たれるであろう。その人間の育成は大震災後に教育機関の担うべき根本課題である。

ちなみに、「ゆとり教育」は、その本質が十分とらえられないまま現場側の職務の「軽減」に焦点が集まってしまったために、「功罪」のうちの「罪」の側面が一般に強調されるが、意味について立ち止まって思索できる一定の時間的「ゆとり」を青少年に与えることは、教育面においてなお豊かな「功」が期待されうるであろう。この「立ち止まって思索」することこそが、東日本大震災後の日本社会再建のために求められているのである。

あとがき

本書は、主として私が奉職している聖学院大学の重要附置機関である「聖学院大学総合研究所」発行の『聖学院大学総合研究所紀要』における私の巻頭言を中心にまとめたものである。「聖学院大学総合研究所」は、一九八八年に聖学院大学の開設に先立って活動を始めていた。それは、大木英夫前理事長、小倉義明前院長、近藤勝彦元キリスト教センター所長らのご指導により、やがて誕生する聖学院大学の明確な形成理念とその使命を明確に肉づけるものとして、「大学理念検討委員会」として実質的には先立って誕生していたのである。その後大学の開学に連動して、同委員会は「聖学院大学総合研究所」に発展した。

この研究所はその後「組織神学研究」、「ラインホールド・ニーバー研究」、「EU研究」、「東アジア地域研究」、「カウンセリング研究」など多岐にわたる発展を見せたが、その営みの重要な要として「憲法研究」があったことを特筆したい。それは、日本国憲法の正しい継承こそが、戦後日本社会および国家の歩むべき道であることを、高等教育機関としての聖学院大学の使命であると確信してきたからである。

現在、少子高齢化をきっかけとする日本社会の構造変化の中で、ご多聞に漏れず総合研究所を含む本学も厳しい財政問題の噴出にさらされている。こうした中で、日本国家が「普通の国」を目指すように、本学も「普通の大学」を目指すべきであるというご指摘を事実受けている。しかし、財政を含め「幾多の試練に耐え」（日本国憲法第九七条の言葉）かつ乗り越え、本学固有の理念のもとに歩んで行くことは本学の使命であると信ずる。

そもそも「専制と隷従、圧迫と偏狭」を嫌い、それらを「地上から永遠に除去しようと努める」ことは生来の人間の本性であろう。人間は生まれながらに「自由」に憧れ、「平和」を愛するものであるが、それは人間がまさに一人の「主権者」だからである。「まえがき」にも触れたように、本書がその自覚の一助となることを筆者は切に祈る者である。

二〇一五年二月一日

阿久戸　光晴

著者紹介

阿久戸 光晴（あくど　みつはる）

学校法人聖学院理事長兼院長。聖学院大学教授。聖学院大学総合研究所副所長兼所長代行。

1951年生まれ。一橋大学社会学部・法学部卒。住友化学工業株式会社勤務を経て、東京神学大学博士課程前期修了後、米国エモリー大学神学部大学院ほかに学ぶ。その傍ら聖学院大学および聖学院アトランタ国際学校開設業務を担当。その後、聖学院大学宗教主任兼助教授、教授、聖学院大学学長を経て現職。その他、日本聖書協会新翻訳事業検討委員、荒川区不正防止委員会委員長など。

【著書】『近代デモクラシー思想の根源』、『説教集　新しき生』、『ヴェーバー・トレルチ・イェリネック』（共著）、『神を仰ぎ人に仕う』（共著）、『キリスト教学校の形成とチャレンジ』（共著）、*The Church Embracing the Sufferers, Moving Forward: Centurial Vision for Post-disaster Japan: Ecumenical Voices*（共著）、ほか多数。

専制《せんせい》と偏狭《へんきょう》を永遠《えいえん》に除去《じょきょ》するために

―― 主権者であるあなたへ ――

2015年３月31日　　初版第１刷発行

著　者　　阿久戸　光　晴

発行者　　阿久戸　光　晴

発行所　　聖学院大学出版会

〒362-8585　埼玉県上尾市戸崎１番１号

TEL 048-725-9801　FAX 048-725-0324

E-mail: press@seigakuin-univ.ac.jp

HP: http://www.seigpress.jp/

印　刷　　株式会社堀内印刷所

ISBN 978-4-907113-14-8　C0036

◆聖学院大学出版会の本◆

聖学院キリスト教センター 編

神を仰ぎ、人に仕う・改訂21世紀版

――キリスト教概論

A5判並製　2100円（本体）

ISBN 978-4-907113-04-9（2015）

本書はキリスト教とは何かを知ることが、現代文明の中で大学教育を受けるにあたって必須であると確信し、その本質を伝授しようと意図している。大学生がキリスト教の「福音」に出会うことの手助けとなることを目指して、聖書に基づいてまとめられたものである。現代においてキリスト教の福音を知りたいと願う人の入門書。

ヨハン・セルス、チャールズ・E・マクジルトン 著

人間としての尊厳を守るために

――国際人道支援と食のセーフティネットの構築

A5判並製　700円（本体）

ISBN 978-4-915832-98-7（2012）

ヨハン・セルス氏は、UNHCR（国連難民高等弁務官事務所）駐日代表として難民支援にあたっている。チャールズ・E・マクジルトン氏は、自ら日本の「困窮者」としての生活を送り、「セカンドハーベスト・ジャパン」というNPOを立ち上げ、食べ物を必要としている人々に食料品を提供する活動を展開している。本書は人間の尊厳に立ち、人間の尊厳に向かう「当事者」として活動する二人の講演をもとにまとめられている。

柏木　昭・中村磐男　編著

ソーシャルワーカーを支える

人間福祉スーパービジョン

Ａ５判上製　２８００円（本体）

ISBN 978-4-915832-97-0（2012）

高齢化とそれに伴う医療需要の増加により、保健・医療・福祉の連携が要請され、地域包括支援センター、病院の地域医療連携室、さらに退院支援、在宅医療、在宅介護などを例にとっても、ソーシャルワーカーへの期待は高まっている。本書は「スーパービジョン」および「スーパーバイザーの養成」の重要性を明らかにし、ソーシャルワーカーを支援しようとするものである。

ラインホールド・ニーバー　著　髙橋義文・西川淑子　訳

ソーシャルワークを支える宗教の視点

――その意義と課題

四六判上製　２０００円（本体）

ISBN 978-4-915832-88-8（2010）

第一章 ソーシャルワークの歴史における宗教／第二章 宗教に基づく慈善の限界／第三章 精神と社会の健全さの原動力としての宗教／第四章 個人と社会における不適応の原因としての宗教／第五章 ソーシャルワーカーの原動力としての宗教／第六章 現代における宗教とソーシャルアクション／◇解説◇ソーシャルワークにおける宗教――ニーバーの視点（髙橋義文）／社会福祉の視点から本書を読む（西川淑子）

〈福祉の役わり・福祉のこころ〉シリーズ

福祉の役わり・福祉のこころ

阿部志郎　著

講演：福祉の役わり・福祉のこころ
対談　阿部志郎・柏木　昭
——福祉の現場と専門性をめぐって

A5判ブックレット　400円（本体）
ISBN978-4-915832-78-9（2008）品切れ

福祉の役わり・福祉のこころ
与えあうかかわりをめざして

阿部志郎・長谷川匡俊・濱野一郎　著

阿部志郎：愛し愛される人生の中で
長谷川匡俊：福祉教育における宗教の役割
濱野一郎：横浜市寿町からの発信

A5判ブックレット　600円（本体）
ISBN978-4-915832-87-1（2009）

福祉の役わり・福祉のこころ
とことんつきあう関係力をもとに

岩尾　貢・平山正実　著

岩尾　貢：認知症高齢者のケア
——「○○したい」という生きる上での尊厳と自己実現の重視
平山正実：精神科医療におけるチームワーク
——チームワークの土台を支えるもの

A5判ブックレット　600円（本体）
ISBN978-4-915832-89-5（2010）